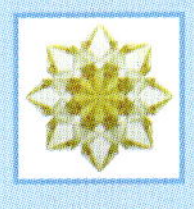 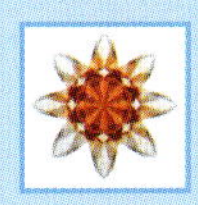 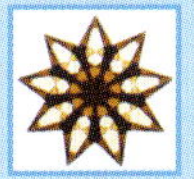 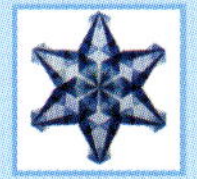 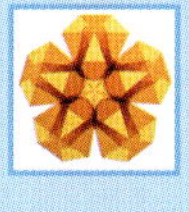 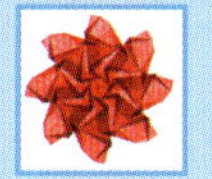 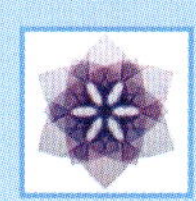 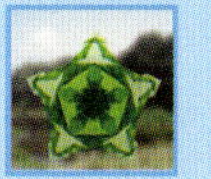  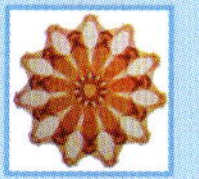 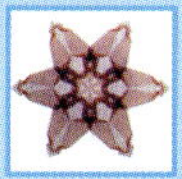 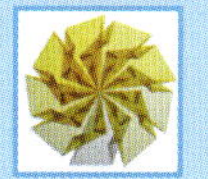 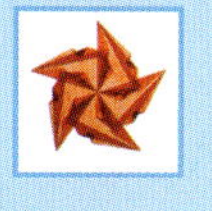

Frédérique Guéret

Zauberhafte Fenstersterne

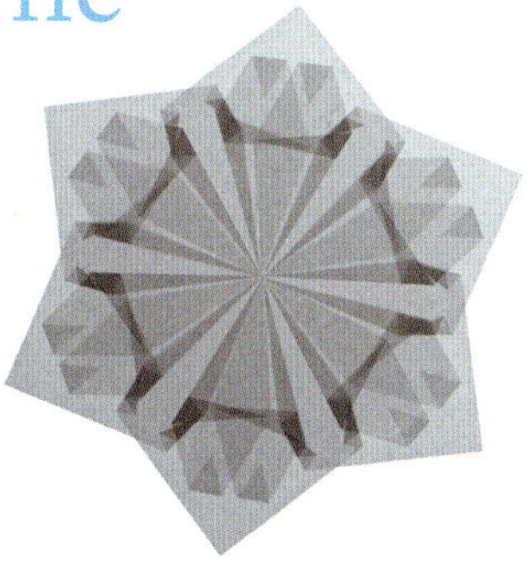

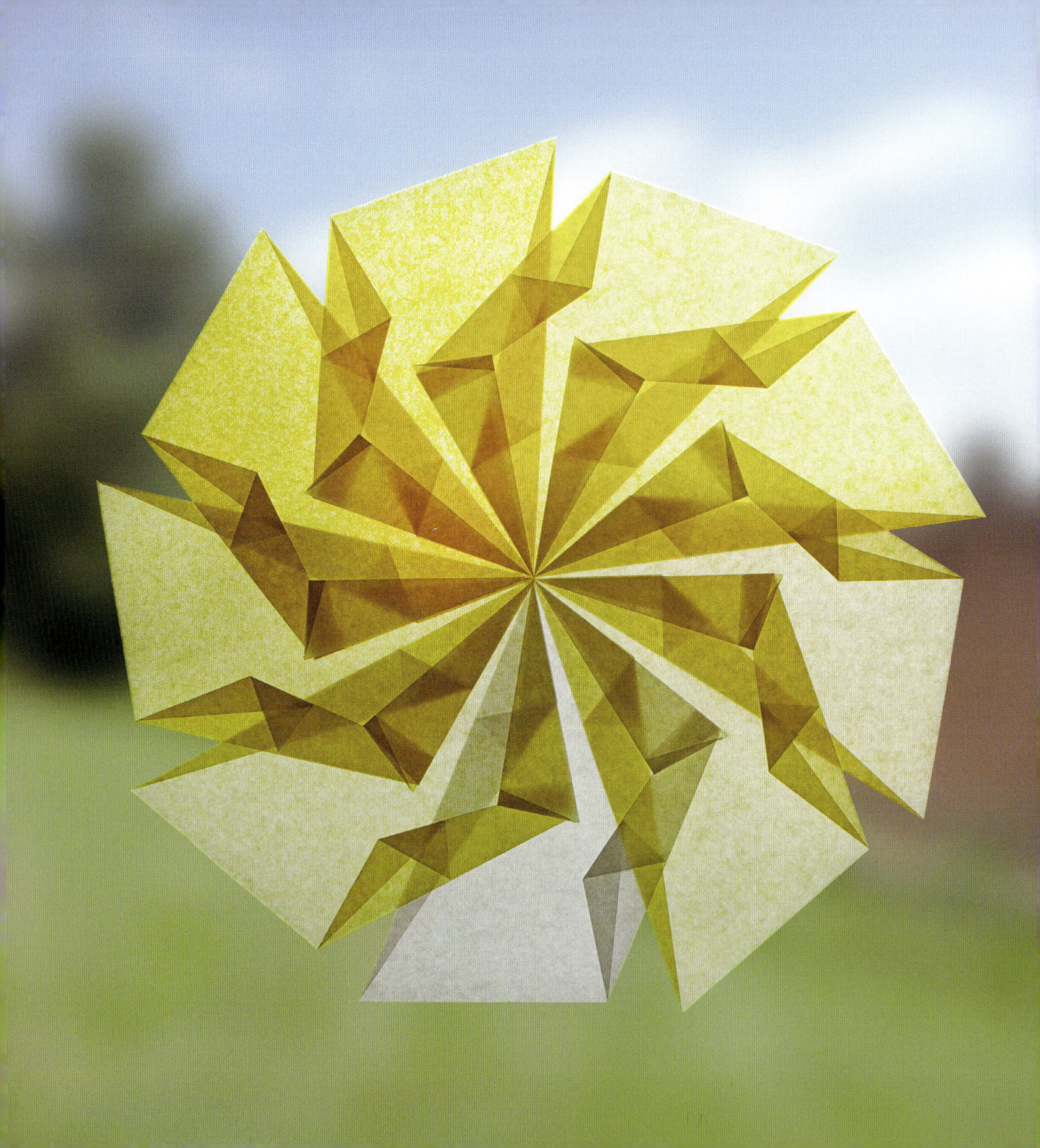

Frédérique Guéret

Zauberhafte Fenstersterne

aus Seidenpapier

Verlag Freies Geistesleben

In Erinnerung an das zauberhafte Licht der Pyrenäen und des Béarn,
das meine Kindesseele mit Schönheitssinn durchtränkte ...

4. Auflage 2023

Eine erste Ausgabe dieses Buches erschien 2002;
eine Neuausgabe 2019

Verlag Freies Geistesleben
Landhausstraße 82, 70190 Stuttgart
www.geistesleben.com

ISBN 978-3-7725-2934-4

Fotos: Jürgen Pfeiffer
Zeichnungen: Frédérique Guéret
Gestaltung & Satz: Bianca Bonfert
Druck: DZS Grafik, Ljubljana
Printed in Slovenia

MIX
Papier aus verantwortungsvollen Quellen
FSC® C106600

Klimaneutral
Druckprodukt
ClimatePartner.com/13357-2004-1003

Mehr Ideen für ein kreatives Leben:
geistesleben.de/kreativbuch

Bleiben Sie mit unserem Newsletter auf dem Laufenden:
geistesleben.de/news

Inhalt

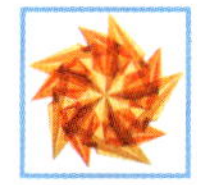
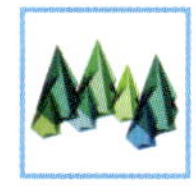
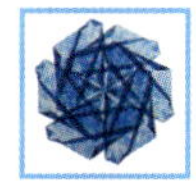

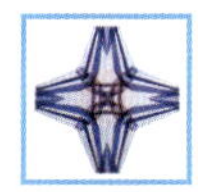
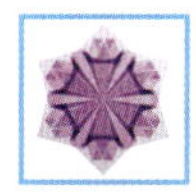
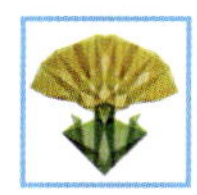
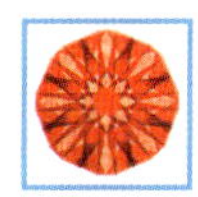

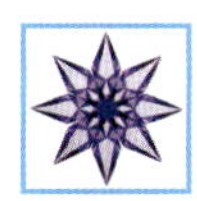
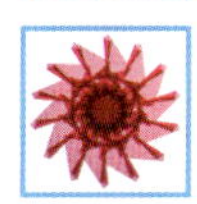

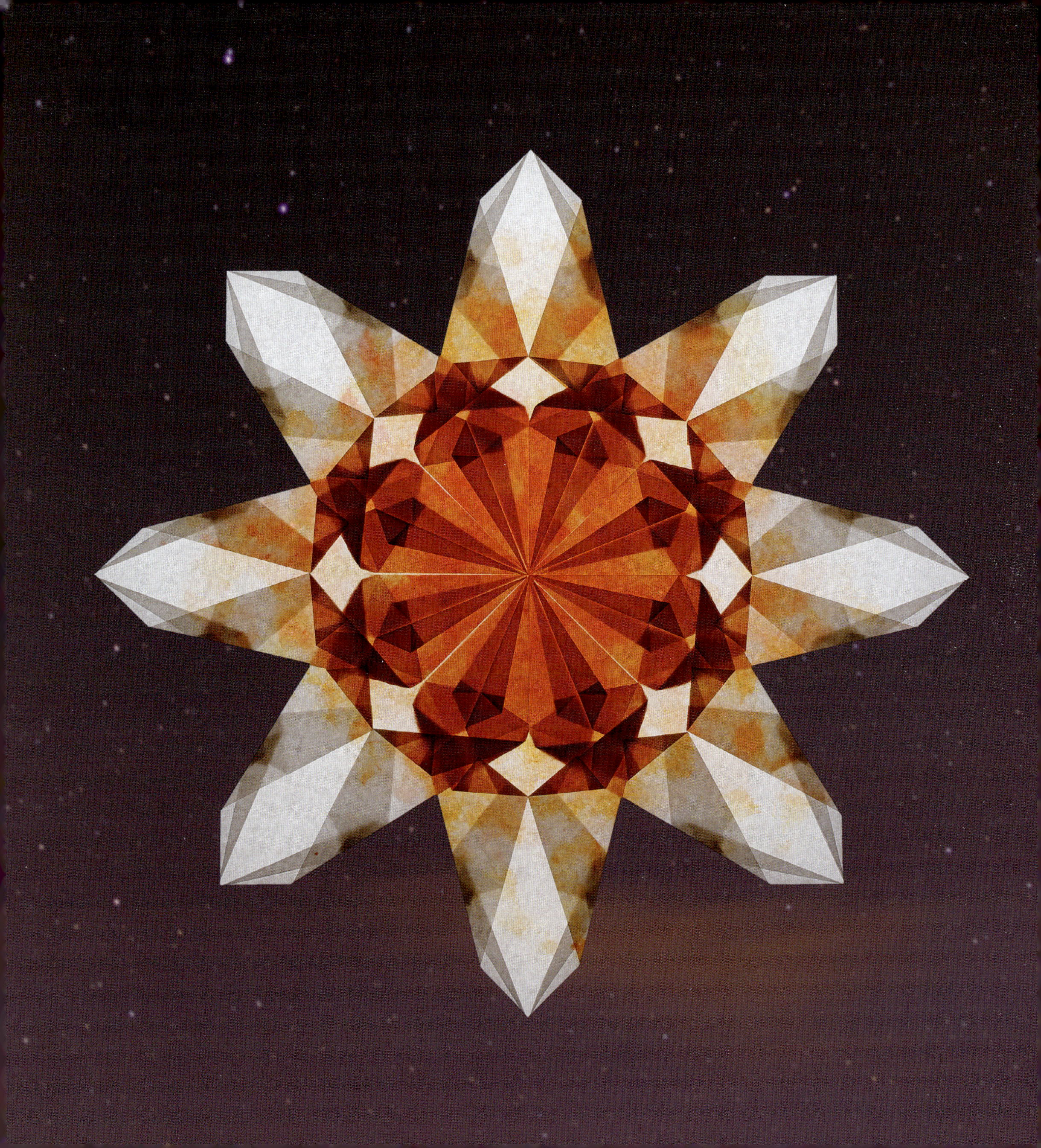

Vorwort

Fenstertransparente aus Seidenpapier sind zarte Geschöpfe des Sonnenlichtes. Nur durch das Licht offenbaren sie ihre harmonischen Formen und ihre prächtigen Farbspiele. Es sind lauter farbige Strahlen wie die geheimnisvollen Facetten eines Prismas, das vom Licht durchflutet wird. Sie erzeugen stets eine poetische Stimmung. Ihre Präsenz am Fenster bleibt wirkungsvoll und anziehend. Wie auf Entdeckungsreise vertieft sich unser Blick in die optisch sich wechselnden Strukturen, und immer wieder versetzt uns ein Stern oder ein Kristall, eine Sonnenrosette oder eine Blüte ins Staunen.

Aber diese stilisierten Kreationen sind nicht nur ein Fest für die Augen, sondern auch eine Bereicherung für andere Sinnestätigkeiten. Allein das Falten des leichten und geschmeidigen Papiers bereitet viel Freude. In jeder Hinsicht wird das Fingerspitzengefühl angenehm belebt. Das lichtverwandte Seidenpapier gleitet sanft zwischen den Fingern. Eine interessante und aufweckende Tätigkeit – von der Beweglichkeit bis zum Formsinn! Durch diese lebendigen Faltprozesse werden Sie schöne und stille Momente in der inneren Erwartung des strahlenden Endmotivs verbringen.

Lassen Sie sich durch die detaillierten Schritt-für-Schritt-Angaben führen, und Sie werden trotz der scheinbar komplizierten Zeichnungen feststellen können, wie vielseitig anregend diese Faltkunst sein kann. Besonders faszinierend beim Falten wird das sichtbare Bewegen von Form zu Form. Jede Schnittgestalt verbirgt eine innere Logik, die durch Verwandlungen zu einem harmonischen Ganzen führt. Es ist eine spielerische Faltgeometrie, die das Denken aktiviert.

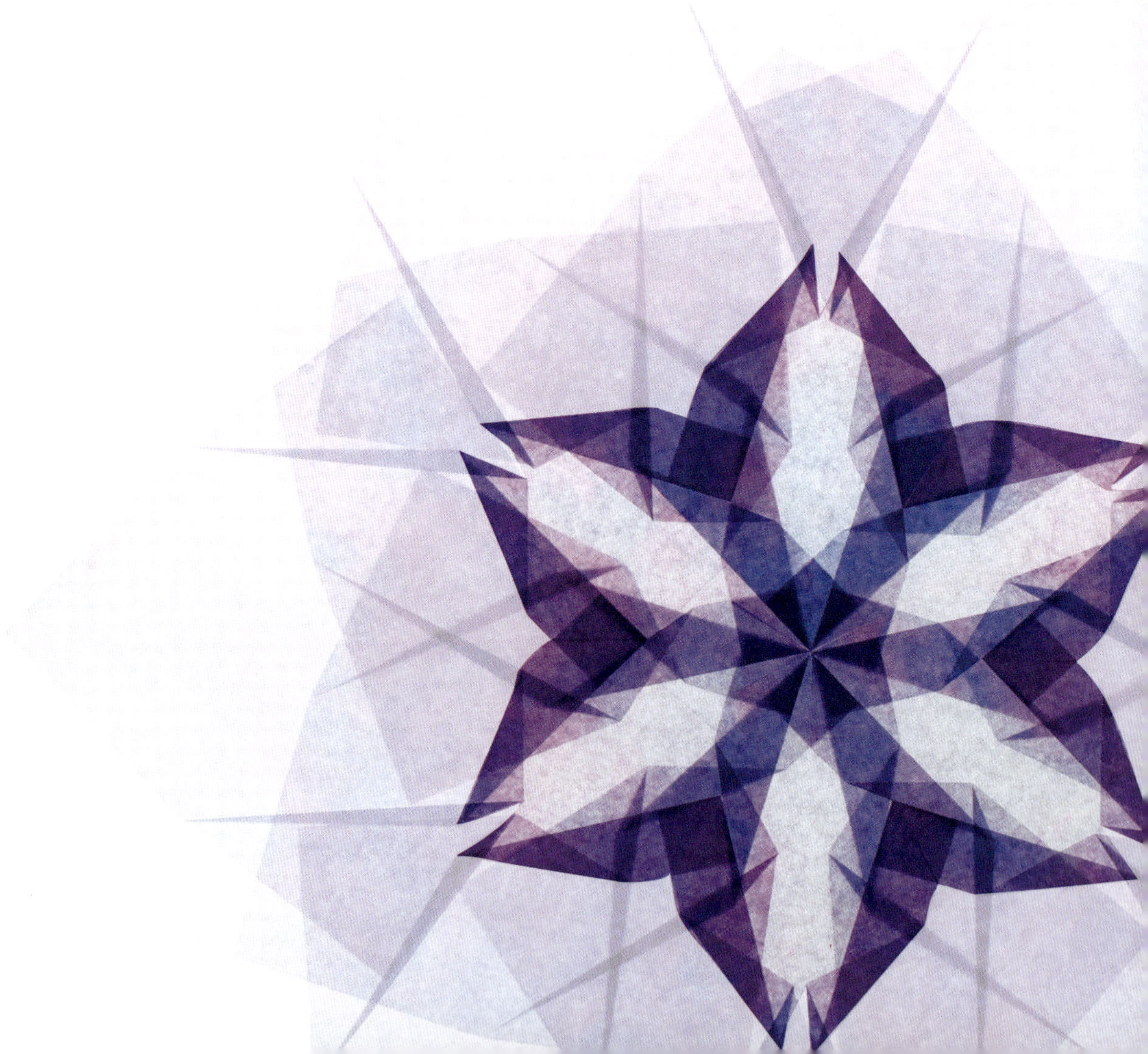

So war es unter anderem mein Anliegen für dieses Buch, neue Seidenpapiertransparente mit einer besonderen Methode zu kreieren, welche variierende Lichteffekte besser hervorbringen können. Dazu kam das Bedürfnis, eine Dynamik der Formen zu entwickeln, wodurch die kreisenden Bewegungen teilweise bis zur dreidimensionalen Entfaltung kommen. Manche Transparente bilden auch eine Serie und lassen sich weiterentwickeln. So entstehen unerwartete Varianten, die die Fantasie beflügeln können!

Schließlich ergibt sich durch das Experimentieren mit Farben eine mögliche Erweiterung dieser künstlerischen Gestaltungen mit Seidenpapier. Mögen nun diese Transparente nicht nur dekorative Bilder für die dunkle Jahreszeit sein, sondern auch eine Anregung für stimmungsvolle Jahreszeitenfenster werden.

Frédérique Guéret

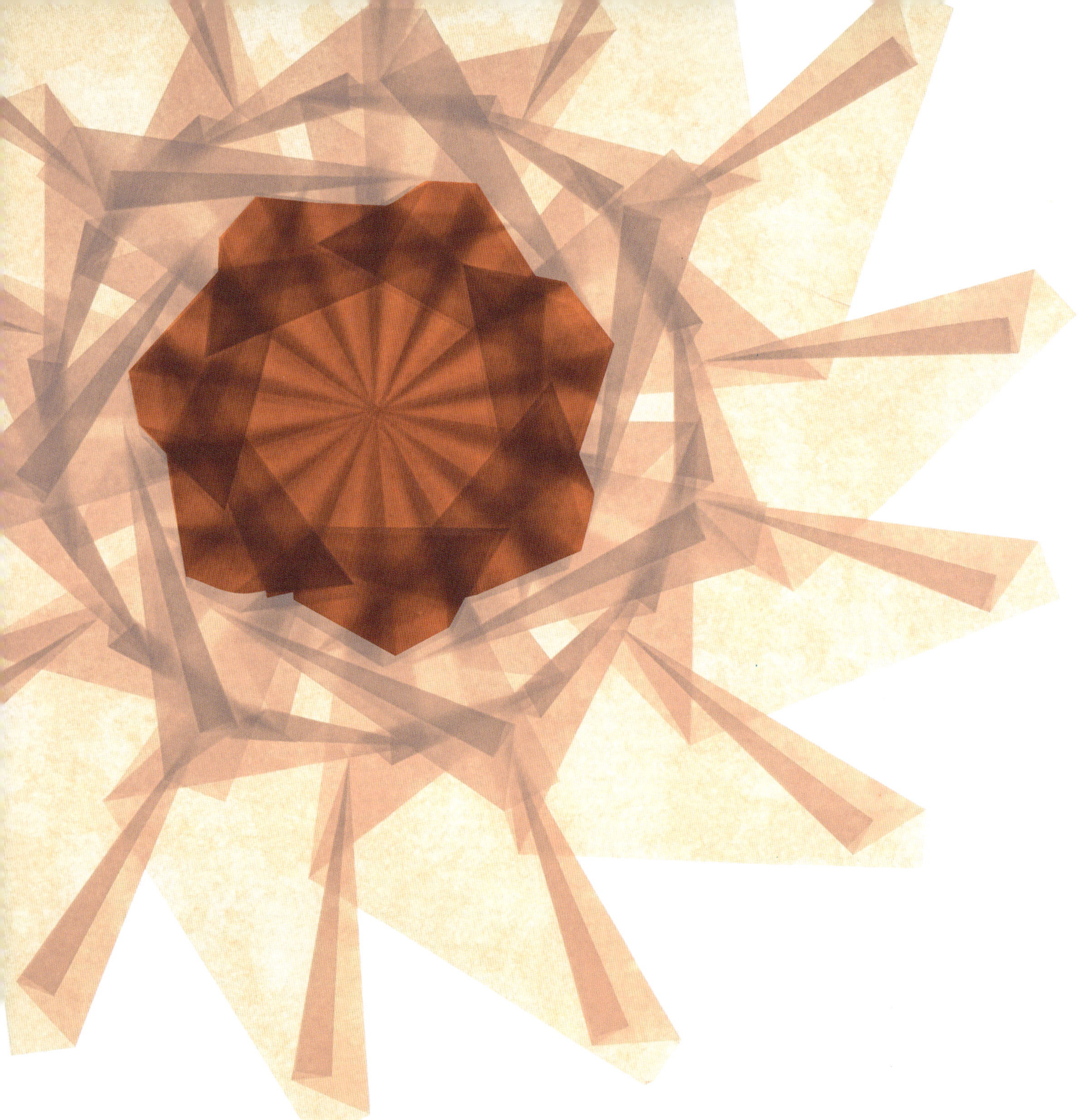

Benötigtes Material

Um die hier beschriebenen eindrucksvollen Farbspiele aus Papier zu gestalten, brauchen Sie nur wenig Material.

Das *Seidenpapier* – auch Blumenseide genannt – ist extrem lichtdurchlässig. Es wird im üblichen Standardformat 50 x 70 cm in Einzelblättern oder als Set angeboten.
Vorsichtshalber sollten Sie immer prüfen, ob Ihre Blattgröße mit diesem Ausgangsformat übereinstimmt. Ist sie doch etwas länger, so reduzieren Sie sie auf 70 cm. Es ist für ein bequemes Zuschneiden der Schnitte ohne extra Ausmessungen entscheidend. Die Farbskala ist reich, je nach Hersteller werden Sie feine Unterschiede sowohl an der Papierdurchsichtigkeit als auch an den farbigen Nuancen feststellen können. Es empfehlen sich vor allem die helleren Farben, sowohl die kalten als auch die warmen Abstufungen.
Um zusätzliche farbige Effekte zu erzielen, lesen Sie das Kapitel «Wie Sie das Seidenpapier beleben können», Seite 16f.
Für das Zuschneiden der Faltbögen und der einzelnen Schnitte (= Teile) brauchen Sie ein *Messer* mit langer und spitz zulaufender Klinge. Es ist auch ein wichtiges Hilfswerkzeug, um beim Faltprozess feinere Falten zu bilden und zu glätten.
Nehmen Sie als Unterlage einen hellen, kräftigen *Karton* und für das Zusammensetzen der einzelnen Schnitte eine glatte, durchsichtige *Plastikfolie* im Format A3.
Ferner brauchen Sie flüssigen *Bastelkleber*, der transparent trocknet.
Für ein sauberes, gezieltes Auftragen des Klebstoffs auf die ange-

gebenen Stellen und für das Zusammenfügen der fertig gefalteten Strahlen benutzen Sie am besten ein *Bambusstöckchen*. Nach mehrfacher Verwendung können Sie es mit dem Messer wieder spitzen.
Für das Aufkleben der Transparente an der Fensterscheibe ist ein einseitiger, durchsichtiger *Klebefilm* von schmaler Breite (12 mm) besonders geeignet.
Eine *Schere* werden Sie eventuell für das Zuschneiden der dreieckigen Schnitte brauchen, ein *Lineal* nur zum Nachprüfen.
Für die stimmungsvolle Steigerung der Farben nehmen Sie einen *Pinsel* von mittlerer Größe, einen kleinen *Schwamm* und einen *Föhn* zum schnellen Trocknen. Nehmen Sie je nach Wunsch *Aquarellfarben* in Näpfchen, hauptsächlich in Gelb- bis Rottönen.

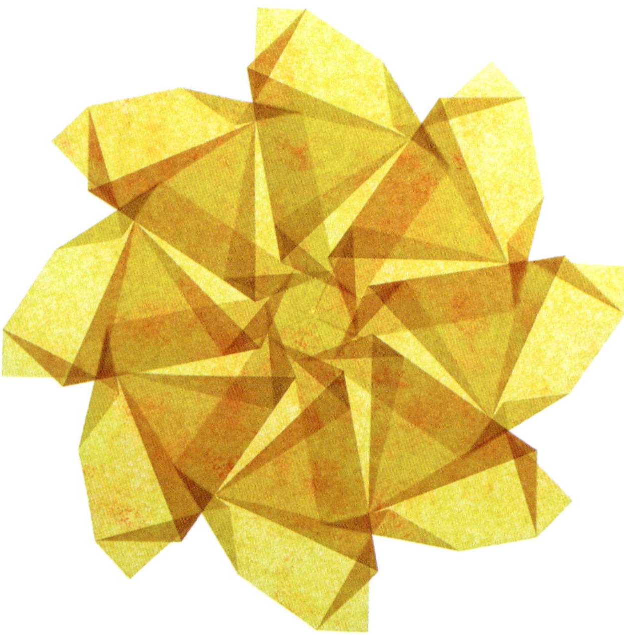

Zeichenerklärung

* Sehr einfach zu falten
** Einfach zu falten, braucht aber mehr Aufmerksamkeit
*** Weiterhin einfach zu falten, aber besonders zusammengesetzt
**** Braucht mehr Fingerspitzengefühl
***** Außerordentlicher Faltvorgang, besonders zusammengesetzt

Z = Zentrum, als Klebepunkt für das Zusammensetzen
S = Spitze der Strahlen
O = Klebepunkt
(•) = Klebepunkt zwischen Grund und erster Papierlage
– = Klebestrich
• = Wichtiger Orientierungspunkt und Klebepunkt zwischen zwei Schnitten für eine besondere Art des Zusammensetzens
↶ = Die Pfeilrichtung deutet auf den Faltvorgang hin
⟳ = Falten und wieder öffnen (Vorbereitungsfalte für eine Hilfslinie)
↷ = Umdrehen des ganzen Schnitts zwischen zwei Faltvorgängen
➔ = Herausziehen einer Faltung für einen besonderen Lichteffekt
▬ = Mit dem Messerrücken glätten
▭ = Mit dem Messer teilen

Wie Sie das Seidenpapier beleben können

Eine richtige Auswahl der Farbe ist wichtig, um die Musterwirkungen der Transparente zu betonen. Ein helles Orange, ein helles Rosa, ein helles Blau sowie ein helles Grün verleihen von sich aus einen sehr schönen Kontrast zwischen Licht und Schatten. Je mehr man zu intensiveren Farben greift, umso eher entsteht, obgleich die Konturlinien kräftig bleiben, eine gewisse Flachheit oder eine Übersättigung bei der Ausstrahlung. Dies gilt ganz besonders für die Rot-, Blau- und Violetttöne. Der Wunsch nach einer Belebung der Farbe kann deutlich spürbar werden. Die Aufhellung der Farbe können Sie einfach durch Entfärbung des Seidenpapiers erzielen, bevor Sie es zuschneiden. Dafür legen Sie Ihr Blatt flach auf einen Fliesenfußboden und probieren Sie Folgendes aus:

Wollen Sie eher einen feinen Tropfeneffekt auf dem Papier erreichen, so können Sie mit einem nassen Pinsel hier und da sanft darübersprengen (siehe «Leuchtende Eleganz», S. 111). Um größere Flecken zu bekommen, können Sie das Blatt leicht mit Wasser besprengen, indem Sie den Pinsel kräftiger ausschütteln (siehe «Leicht und luftig», S. 43). Einen mehr wolkigen Effekt können Sie mit einem kleinen befeuchteten Schwamm erzielen (siehe «Eisblume», S. 63).

Unmittelbar nach diesen Improvisationen wird das nasse Papier mit dem Föhn getrocknet. Vergessen Sie nicht, den Steinboden gleich anschließend mit klarem Wasser zu reinigen. So vermeiden Sie, dass das Seidenpapier Farbspuren hinterlässt.

Möchten Sie besondere Strahlungswirkungen wie zum Beispiel eine stufenweise Steigerung der gelb-orangen Töne (siehe «Warme Bewegung», S. 67) erzeugen, so legen Sie einfach zwei bis drei Blätter aufeinander, von Gelb bis zu kräftigeren warmen Tönen, und verfahren Sie mit dem Pinsel oder dem kleinen Schwamm wie eben beschrieben. Eine weitere dekorative Bereicherung ergibt sich durch die zusätzliche zarte Färbung des Papiers. Wollen Sie ein mattes Gelb etwas erwärmen? Oder in der Mitte eines weißen Transparents einen geheimnisvollen Charakter zutage treten lassen? Der kreativen Fantasie sind hier keine Grenzen gesetzt! In diesen Fällen tauchen Sie den leicht angefeuchteten Schwamm in ein Aquarellnäpfchen und betupfen stufenweise die Stellen, die Sie herausarbeiten wollen. Sie können hier eine oder mehrere Aquarellfarben anwenden (siehe «Glühende Kraft», S. 31).

Bei all diesen besonderen Verfahren wird das Papier sich leicht wellen und millimeterweise etwas einziehen. Nach dem schnellen Trocknen mit dem Föhn glätten Sie das Blatt daher beim ersten Falten so flach wie möglich mit den Händen aus. Vor dem Zuschneiden ist es sehr vorteilhaft, das ganze bearbeitete Blatt vorsichtig zu bügeln.

Wenn Sie ein wenig Übung mit dem normal belassenen Papier gewonnen haben, so werden Sie über die kleinen Unregelmäßigkeiten, die bei diesen Varianten entstehen, leicht hinweggehen können. Der Durchmesser solcher bearbeiteten Transparente wird natürlich etwas kleiner als angegeben.

Zuschneiden des Seidenpapiers

Haben Sie sich eine bestimmte Farbe für Ihr Transparent ausgesucht, dann können Sie mit der Vorbereitung des Seidenpapierbogens beginnen. Falten Sie zuerst das gesamte Blatt (im üblichen Standardformat 50 x 70 cm) und teilen Sie es mit dem Messer in zwei bzw. in vier Blätter, wenn Sie ein Viertelblatt brauchen (siehe Schnittvorlagen S. 21). Achten Sie, bevor Sie das Papier durchschneiden, immer darauf, dass die Kanten ganz genau übereinanderliegen. Dann, je nach Schnittangabe, teilen Sie weiter.
Bei dieser einfachen Methode fällt jegliches Ausmessen mit dem Lineal weg. Die genannten Maßangaben ergeben sich von selbst und dienen nur einer eventuellen Eigenkontrolle.
Grundform und Anzahl der benötigten Schnitte (= Teile) finden Sie gleich unter jedem Transparenttitel mit diesen Zeichen charakterisiert.

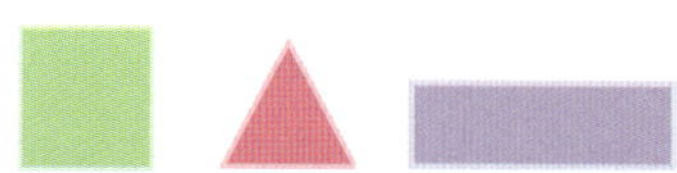

Sie können auch zwischen zwei, drei oder eventuell vier Umfangsgrößen wählen.
Wenn Sie Anfänger in der hier beschriebenen Faltkunst sind, beginnen Sie erst mit einem leichten Transparent (* bis **) und wählen Sie lieber das größere Format.

Quadratische Schnitte

In diesem Buch werden Sie vorwiegend Transparente finden, welche aus dem Quadrat heraus entwickelt worden sind. Diagonalen und Mittellinien bieten dann eine besondere Vielfalt an interessanten Faltmöglichkeiten an. Ein Winkelmaß benötigen Sie hier nicht. Falten und schneiden Sie zuerst ein halbes oder ein viertel Blatt nach der Zeichnung 1 und 2 (S. 21). Sie brauchen nur das große Viereck je nach Angabe in 4 oder in 16 gleich große Teile weiter zu teilen (Schnitte 1 bis 5, S. 22).

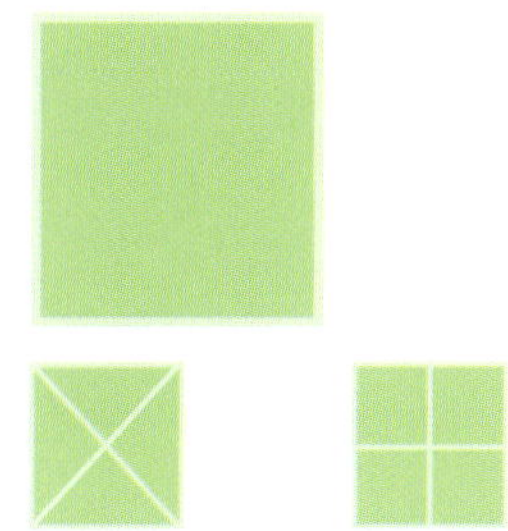

Diagonalen Mittellinien

Dreieckige Schnitte

Dreieckige Schnitte lassen sich einfach aus den vorigen quadratischen Schnitten gewinnen. Jeder quadratische Schnitt wird in zwei Felder gefaltet und an der Diagonale mit dem Messer geschnitten (Zeichnung 3, S. 21). Nehmen Sie eventuell eine Schere zu Hilfe, wenn Anfang oder Ende sich nicht leicht anschneiden lassen.

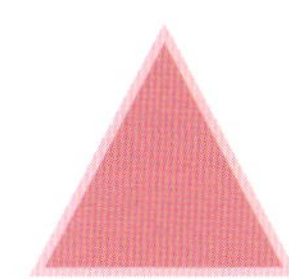

Rechteckige Schnitte

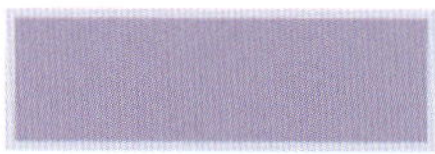

Rechteckige Schnitte (Teile) ergeben sich einfach aus den Resten von mehreren quadratischen Schnitten, wenn davon genügend vorhanden sind (siehe Schnitte 6 und 7, S. 23).

Die Schnitte 8 und 9 als längliche Streifen sind nur für die «Rosa centifolia» bestimmt.

Schnittvorlagen

Für jeden Schnitt gibt es zwei Zeichnungen: Die obere bzw. linke geht vom Gesamtbogen (50 x 70 cm) aus. Die untere bzw. rechte zeigt die Vergrößerung der schattierten Partie, die für Sie in Betracht kommt.

Die jeweiligen Maßangaben sind an und für sich überflüssig. Sie stehen Ihnen nur als mögliche Kontrolle zur Verfügung. Die Farbe der Zeichnungen vermittelt Ihnen einen leichten Überblick über die drei Ausgangsmuster:

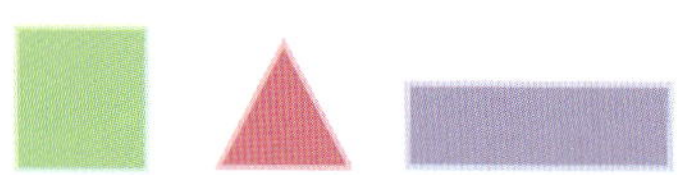

Die Grundanleitung für den Zuschnitt finden Sie auf Seite 21. Die notwendigen Schnittnummern für die Transparente werden je nach Größe zu Beginn der Beschreibung angegeben.

Zuschneiden des Seidenpapiers

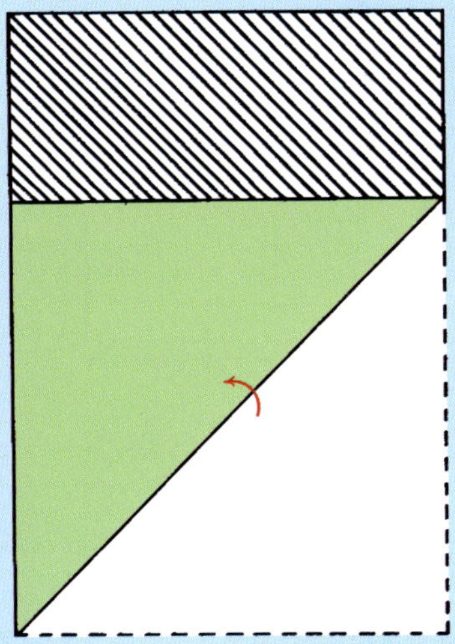

Zeichnung 1

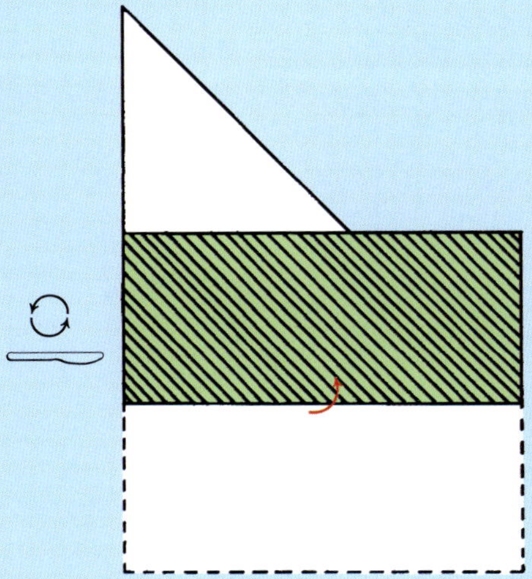

Zeichnung 2

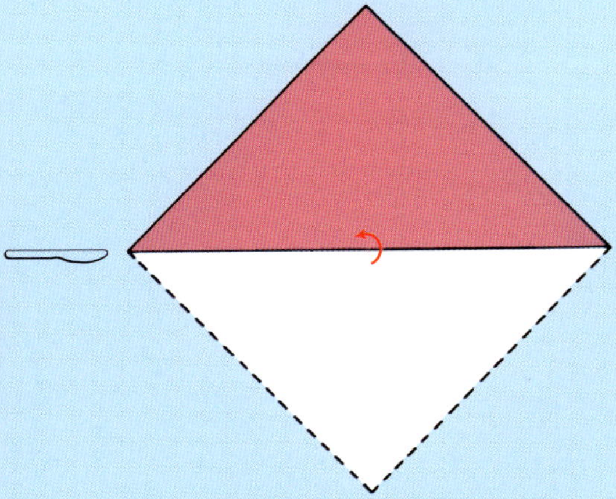

Zeichnung 3

Schnittvorlagen

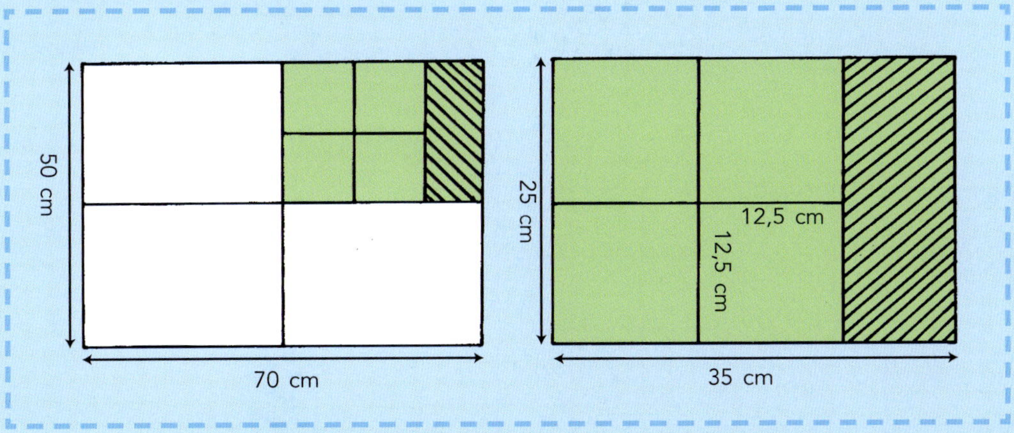

Schnitt 1

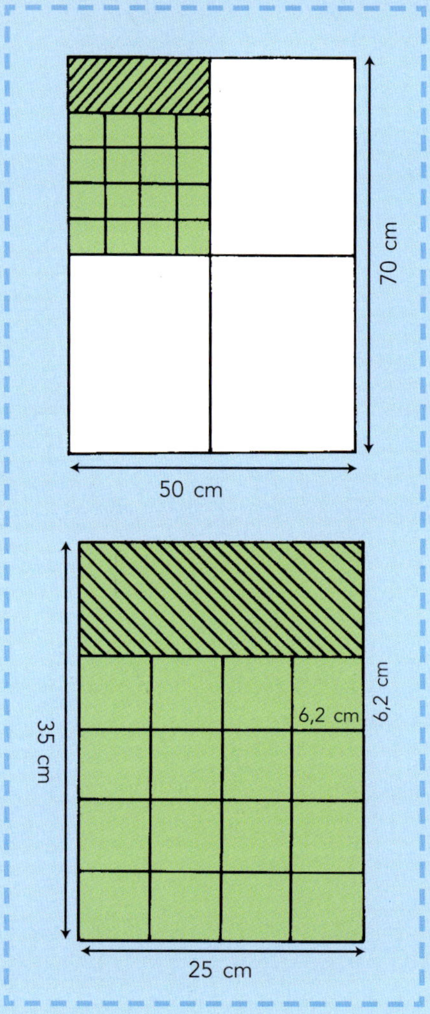

Schnitt 2

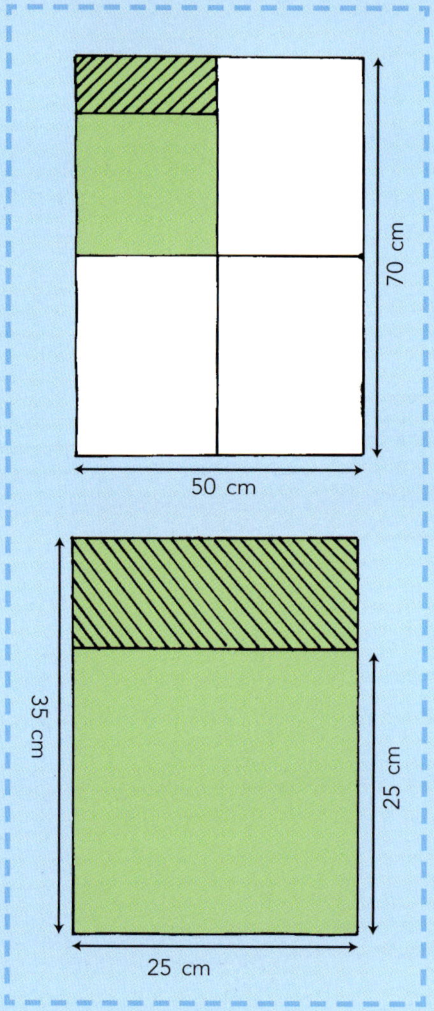

Schnitt 3

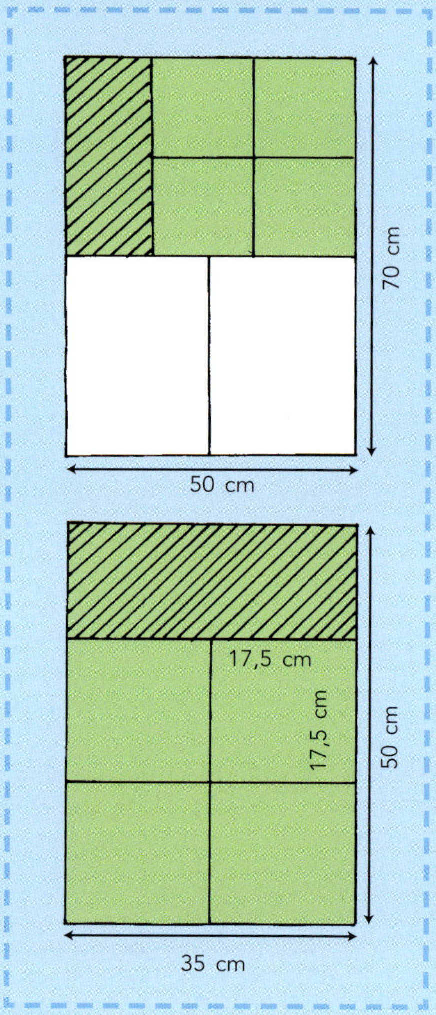

Schnitt 4

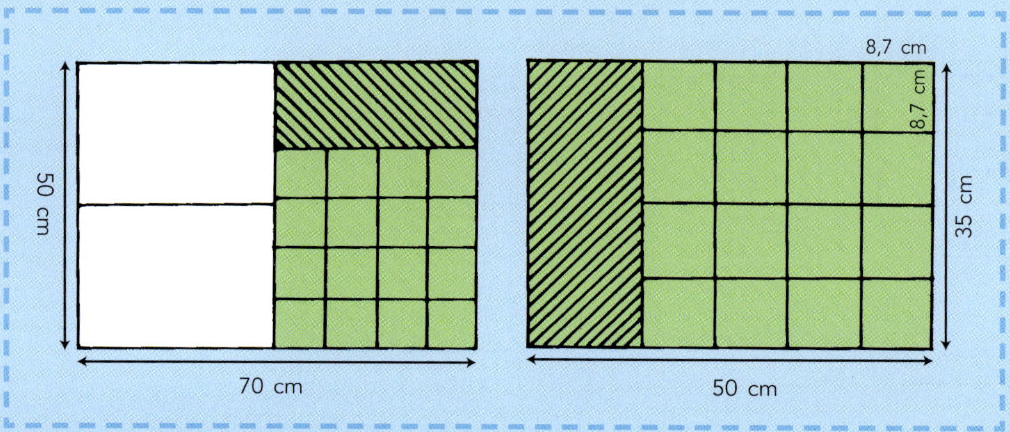

Schnitt 5

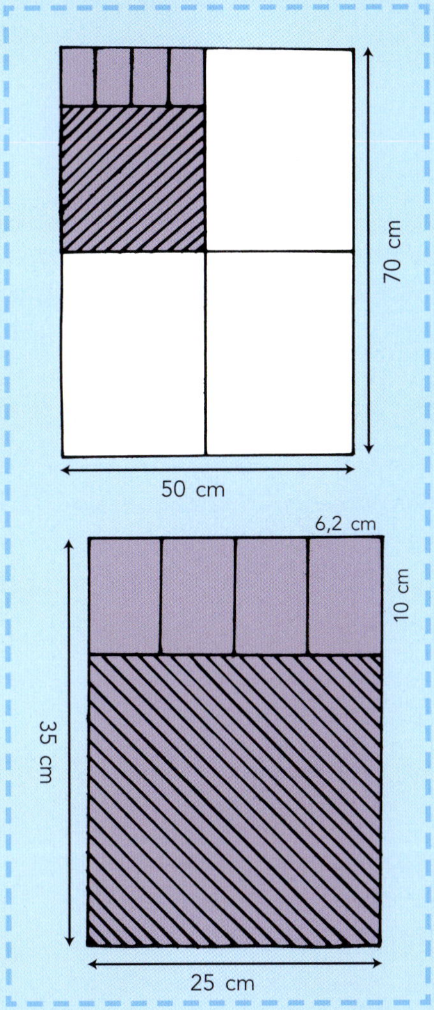

Schnitt 6

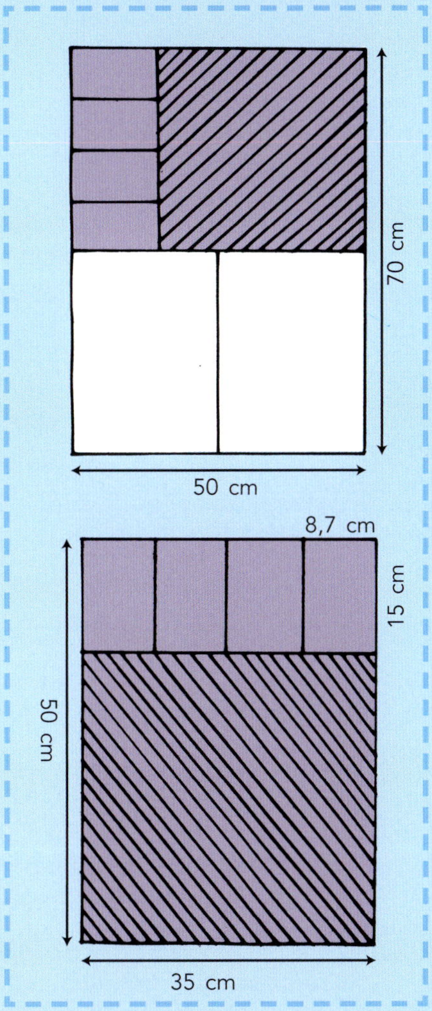

Schnitt 7

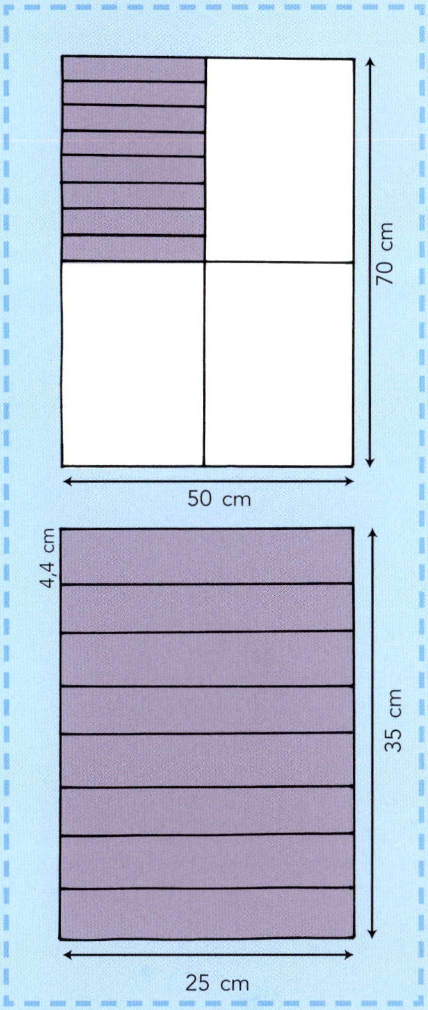

Schnitt 8

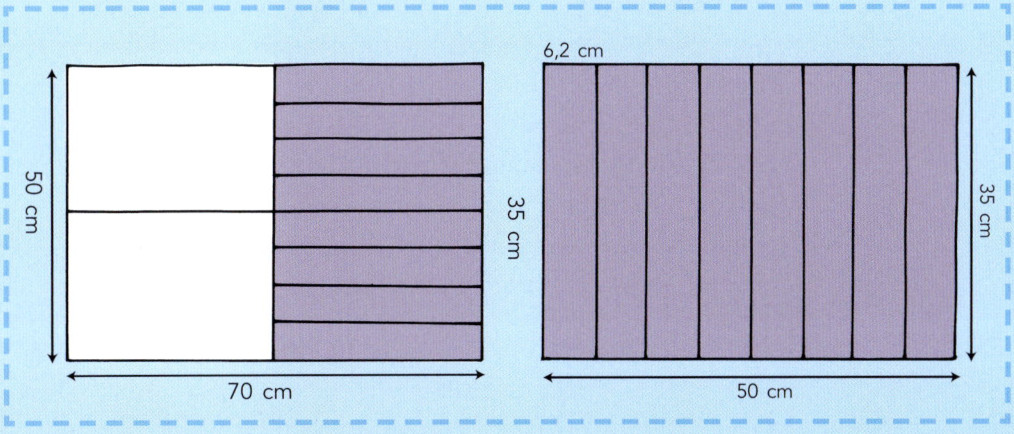

Schnitt 9

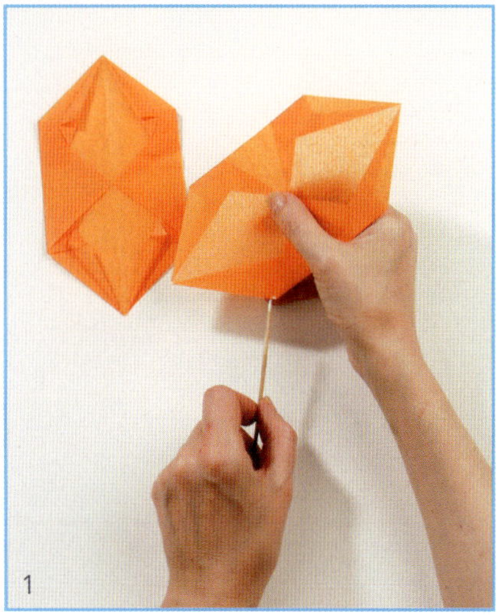

1

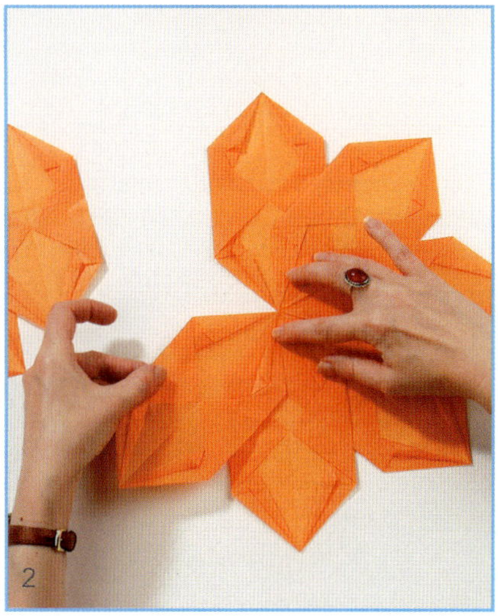

2

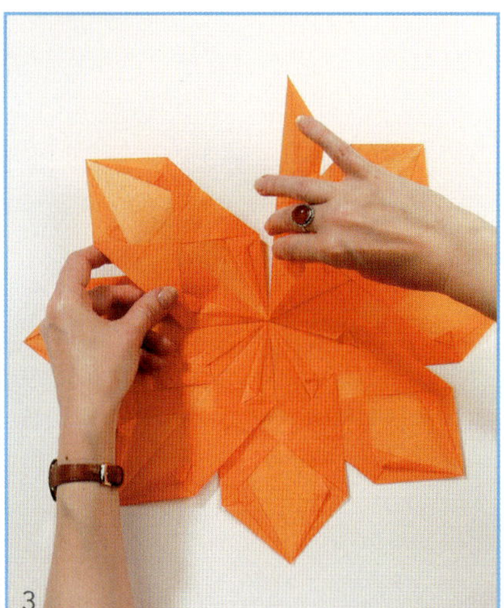

3

Das Zusammensetzen

Sind alle Schnitte (= Teile) fertig gefaltet, so kommt der spannende Moment, wo Sie sich einen Gesamteindruck bilden können. Legen Sie zuerst die Plastikfolie auf den Karton, bevor Sie mit dem Zusammensetzen beginnen. Die gefalteten Seiten der Schnitte müssen oben liegen. Dann werden sie im Uhrzeigersinn aneinandergereiht.

Transparente mit acht Strahlen

Legen Sie den ersten Schnitt flach mit dem Zentrum (Z) zu sich orientiert hin. Mithilfe des Bambusstäbchens bringen Sie einen sparsamen Klebstoffpunkt an die untere Seite des zweiten Schnitts, und zwar genau auf sein Zentrum (Z). Nun fügen Sie die beiden Schnitte so zusammen, dass die Zentren aufeinanderliegen. Gleichzeitig muss die linke Kante des zweiten Schnitts auf der Mittellinie des ersten liegen. Dann kleben Sie mit einem zweiten Klebstoffpunkt seinen Winkel auf diese Linie (Abb. 1).
So fahren Sie mit den folgenden fertigen Schnitten fort (Abb. 2). Wenn der achte Schnitt geklebt ist, vergessen Sie nicht, die linke Kante des ersten daraufzusetzen – oder Sie schieben den achten Schnitt darunter, um diese Kante auf seiner Mittellinie zu fixieren (Abb. 3).

Drehen Sie das Transparent vorsichtig um. Mit einigen Klebstoffpunkten oder -strichen befestigen Sie nun die Strahlen untereinander (Abb. 4).

Bevor Sie Ihr fertiges Transparent im Licht bewundern können, sehen Sie auf S. 26 das Kapitel: «So wird das Transparent am Fenster befestigt».

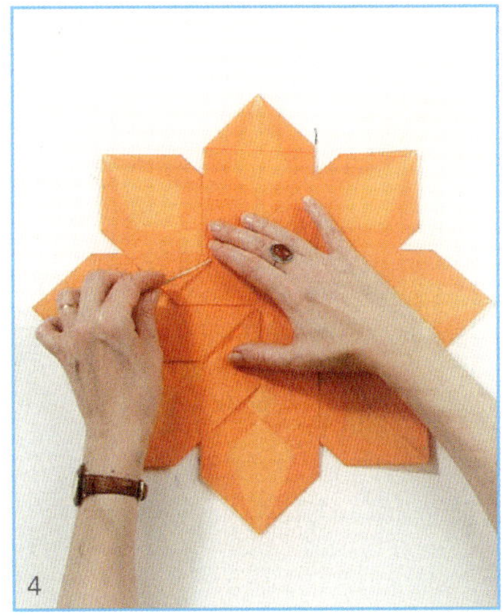

4

Transparente mit fünf und sechs Strahlen

Bei Transparenten mit fünf oder sechs Strahlen bleibt das Prinzip des Zusammensetzens gleich. Da Sie sich jedoch nicht auf die Mittellinie des vorigen Schnitts stützen können, werden Sie sich mithilfe eines Diagramms orientieren müssen. Dafür vergrößern Sie mit einem Kopierer die nebenstehenden fünf- und sechsstrahligen Diagramme. Verlängern Sie die Linien mit einem roten Stift und legen Sie die kopierte Vorlage, die Sie brauchen, unter die Plastikfolie. Jetzt setzen Sie die Mittellinie der Schnitte exakt auf diese roten Linien, um problemlos einen fünfstrahligen Stern oder einen Schneekristall hervorzaubern zu können.

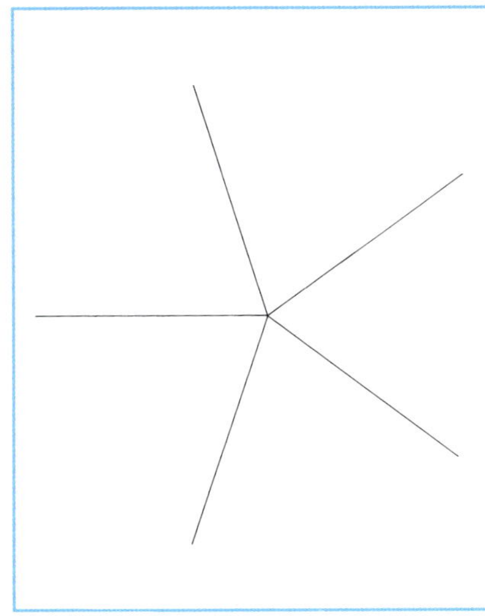

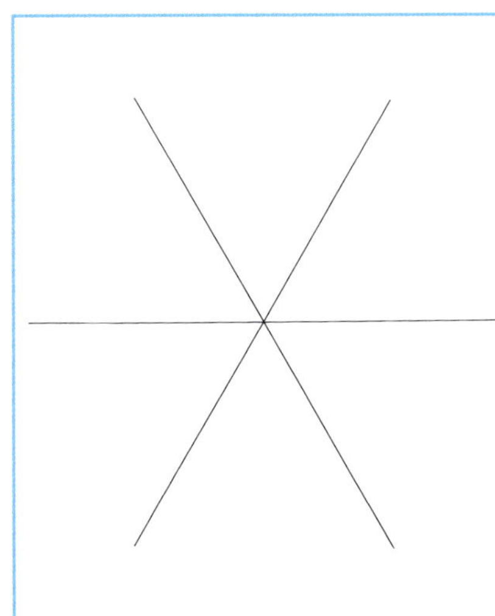

Transparente mit vier, neun, zehn, elf und vierzehn Strahlen

Bei Transparenten mit vier, neun, zehn, elf und vierzehn Strahlen bieten die Mittellinien keine Hilfe mehr. Für das Zusammensetzen der Schnitte werden wir jedes Mal eine neue Orientierung suchen müssen. Mit den Schritt-für-Schritt-Zeichnungen werden Sie eine Zusatzskizze mit der Angabe von einem Stützpunkt (•) (evtl. einer Stützkante) finden. Dieser Orientierungs- und Klebepunkt ist dann der verborgene Schlüssel zum ganzen Aufbau.

So wird das Transparent am Fenster befestigt

Die geheimnisvolle Struktur der Seidenpapiertransparente offenbart sich nur vollkommen, wenn diese an der Fensterscheibe befestigt sind. Erst wenn das Tageslicht sie durchflutet, zeigen sie ihre farbigen Strahlen und ihre lebendige Wirkung. Am besten leuchten alle Details auf, wenn Sie die *glatte Rückseite* auf die Scheibe legen. Bei den dreidimensionalen Gebilden wird es selbstverständlich nicht anders sein können, da sich die losen Falten auf der Vorderseite befinden.

Bringen Sie kurze Klebefilmstreifen an jede zweite bis dritte Strahlenspitze an, und zwar an Stellen, wo das Papier nicht allzu dünn ist. Dann rollen Sie mit den Fingern kleine Klebefilmstreifen zusammen und legen diese auf die vorigen Streifen. Diese Röllchen sind sehr praktisch und auch mehrfach einsetzbar. Somit können Sie die Lage Ihrer Transparente beliebig ändern. Sie schonen damit auch das feine Papier Ihrer Fenstersterne und können sich jahrelang immer wieder an ihnen erfreuen.

Natürlich werden die Farben nach einigen Monaten etwas verblassen. Doch dieses «Herbstlich-Werden» hat auch seinen Reiz. Manche ungeahnten Faltnuancen können sogar vorteilhafter hervortreten.
Auch je nach Lichteinfall reagieren die Transparente anders: Von der Morgensonne bis zur Abenddämmerung vermitteln sie immer wieder neue Erlebnisse. Selbst nachts bei Straßenbeleuchtung zeigen sie noch eine mysteriöse Präsenz am Fenster.

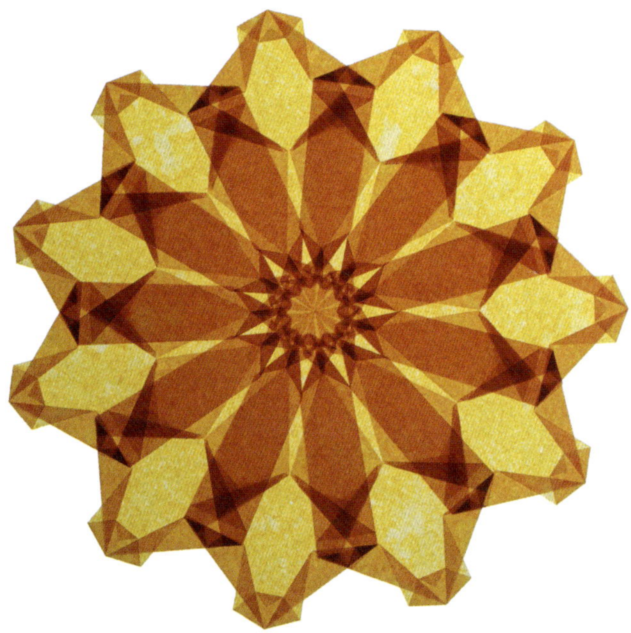

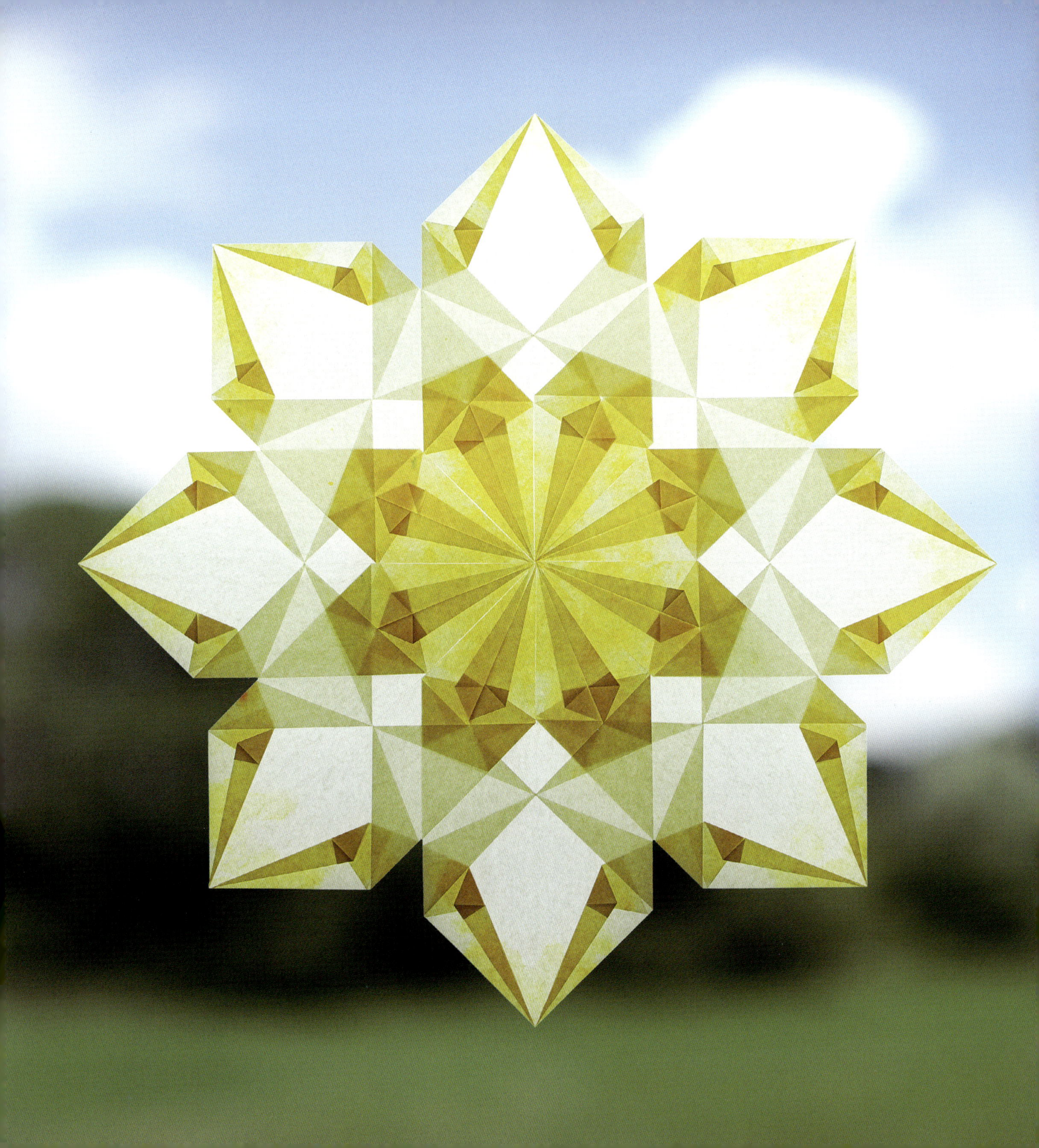

Sternenglanz *

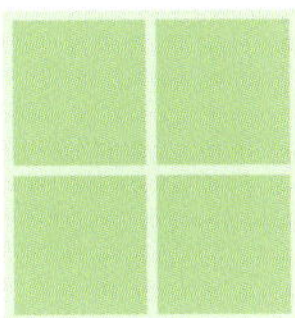

Achtstrahlig
Ø 35 cm, Schnitt 4
Ø 25 cm, Schnitt 1

Dieser stark strukturierte Stern zeigt eine besonders harmonische Verteilung der Licht- und Schattenspiele. Freigelassene Falten bei den kurzen Außenstrahlen sowie bei der Innenrosette unterstützen diese belebende Wirkung.

Nehmen Sie acht Quadrate nach Schnitt 4 oder 1. Falten Sie zunächst die zwei Mittellinien; die kleine obige Zeichnung (unter der Überschrift) verdeutlicht jeweils den Anfang.
Abb. 1 – 3: Nun mit dem Schritt-für-Schritt-Faltvorgang nach Reihenfolge der Zeichnungen beginnen. Alle Mittellinien und/oder Diagonalen, die jedem Faltprozess zugrunde liegen, sind quasi die «Hauptnerven», auf die sich die gesamte weitere Linienstruktur stützt. Die punktierten Linien bei einer Zeichnung deuten immer auf die direkt zuvor gebildete Faltung. Pfeile und Schattierungen machen die Faltentwicklung anschaulich.

Hier wurde der Stern am Zentrum und an den Spitzen leicht gelber getönt. Im Kontrast zu der Grundfarbe Vanillegelb erscheint dann dazwischen ein zarter, lichter Kranz.

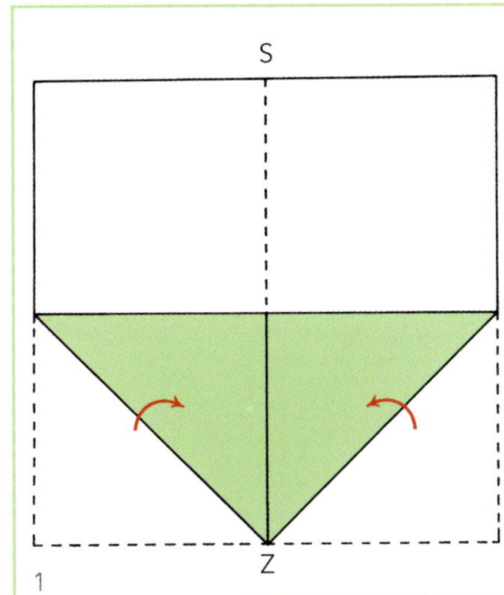

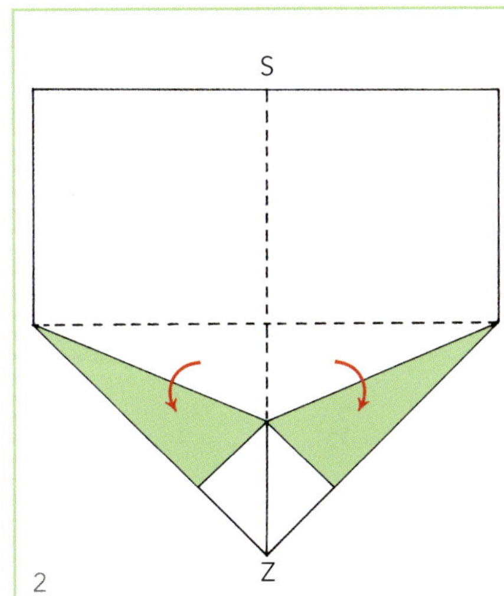

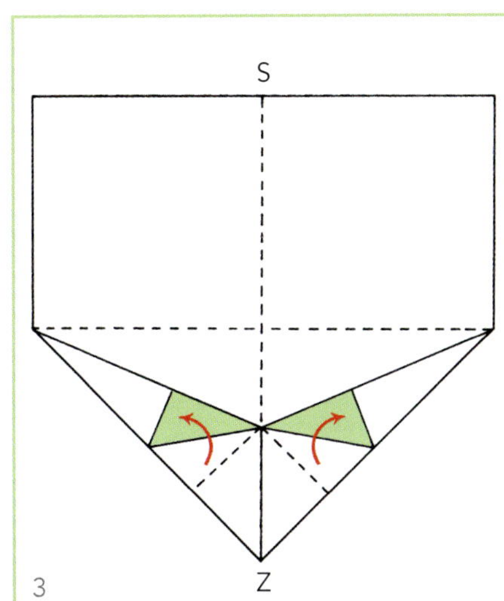

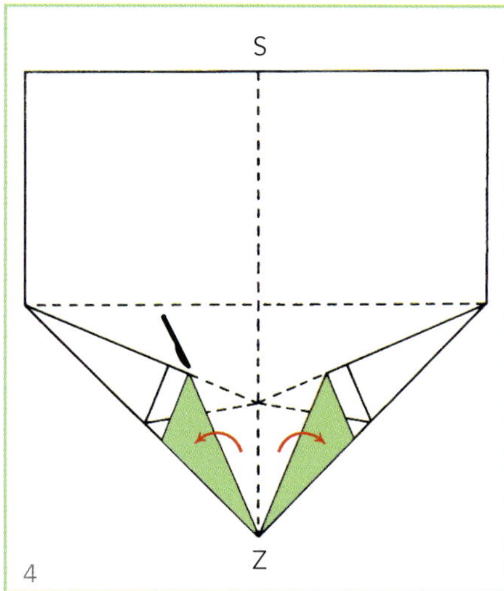

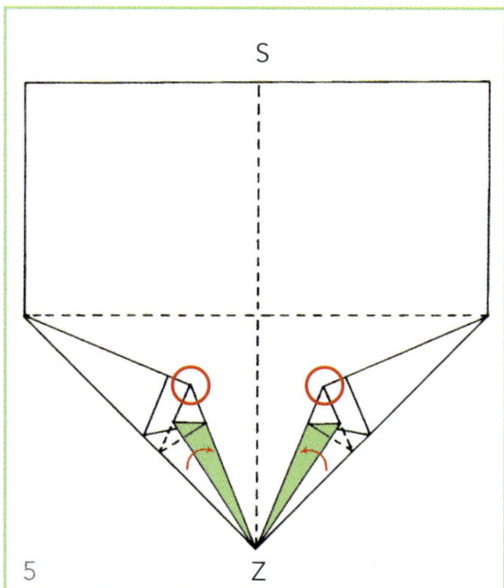

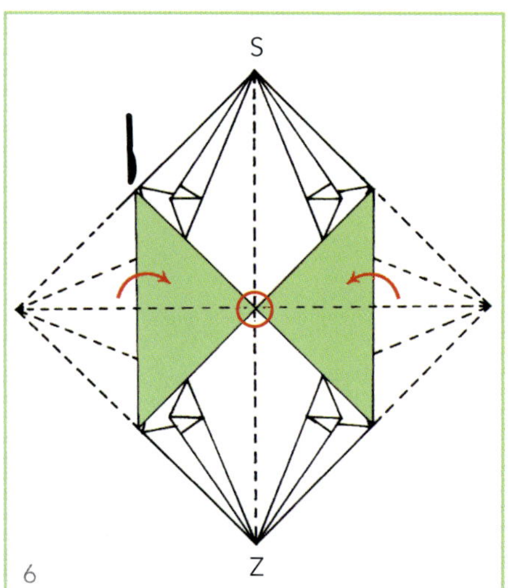

Abb. 4: Um diese Falte exakt zu bekommen, ist es ratsam, wie das Symbol andeutet, die unscharfe Seite der Messerklinge als Hilfe zu verwenden. Lassen Sie sie beim Falten langsam zwischen die zwei Papierlagen gleiten, somit vermeiden Sie jegliches Verschieben der unteren Partie.

Abb. 5: Vergessen Sie die zwei angegebenen Klebepunkte nicht! *Dann wird die Spitze (S) von vorn genauso wie das eben fertige Zentrum (Z) gebildet.*

Abb. 6: Wiederum mithilfe der unscharfen Messerklinge die Seitenflügel falten. Am Mittelpunkt werden sie sehr sparsam angeklebt.

Die acht Schnitte sind jetzt fertig gefaltet. Schon zeigen sie einzeln eine harmonische Form. Nun beginnt das Zusammensetzen der Strahlen und damit verbunden jedes Mal ein spannendes Erlebnis. (Sehen Sie dafür die Grundanleitung «Transparente mit acht Strahlen», Seite 24f.)

In der Innenrosette wechseln freie mit festen Falten. Die Außenspitzen wurden alle ungeklebt gelassen, dadurch bekommt dieser «Sternenglanz» seine sanfte Leichtigkeit.

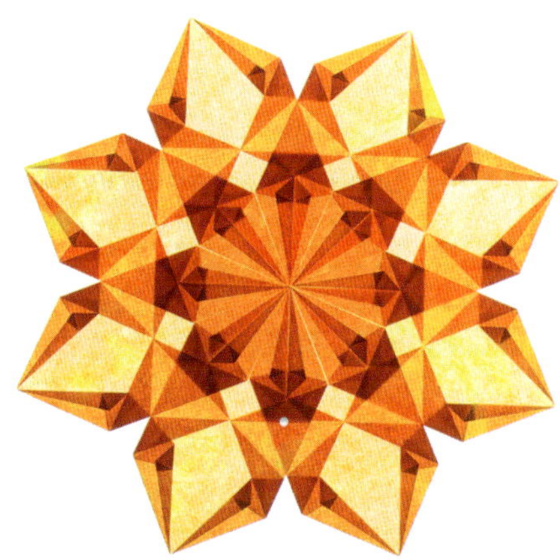

Glühende Kraft**

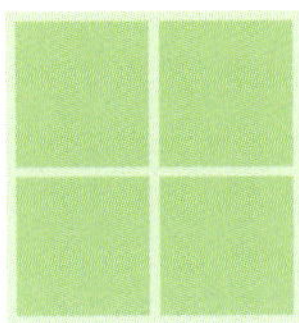

Achtstrahlig
Ø 35 cm, Schnitt 4
Ø 25 cm, Schnitt 1

Die kräftigen Strahlen vom ersten Stern haben sich hier durch eine Fortsetzung des Faltvorganges in eine mildere, ruhige und dennoch in sich glühende Wärme umgewandelt. Offene, senkrecht geknickte Dreiecksfalten umschließen jetzt die Innenrosette in einem Kreis. Es entsteht dadurch im Gegensatz zu den äußeren Spitzen eine Konzentration im Zentrum.

Da dieser Stern eine Fortsetzung des vorigen ist, verfolgen Sie wieder alle Faltschritte von Seite 29 bis inklusive Zeichnung Nr. 6, *jedoch ohne den letzten Klebepunkt in die Mitte zu geben!*

Abb. 1: Die Klebepunkte sind *nur* im Bereich der Strahlenspitze (S) anzubringen.

Abb. 2: Ziehen Sie die inneren Winkel leicht zur Mitte. Die Benutzung der unscharfen Seite der Messerklinge ist hier unentbehrlich. Erst jetzt die Mitte fest ankleben.

Abb. 3: Knicken Sie diese Falte recht gut und lassen Sie sie anschließend senkrecht offen.

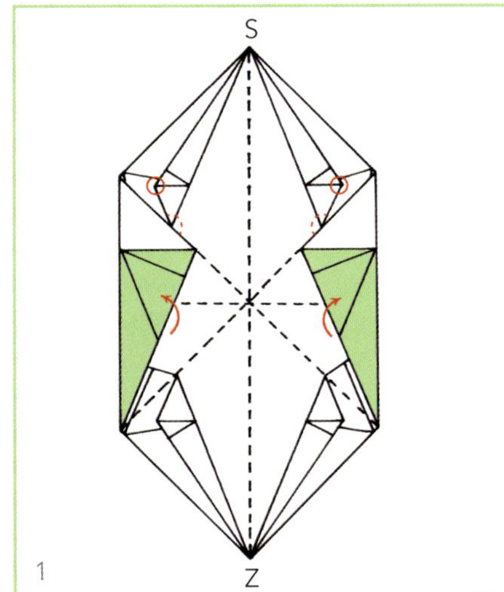

1

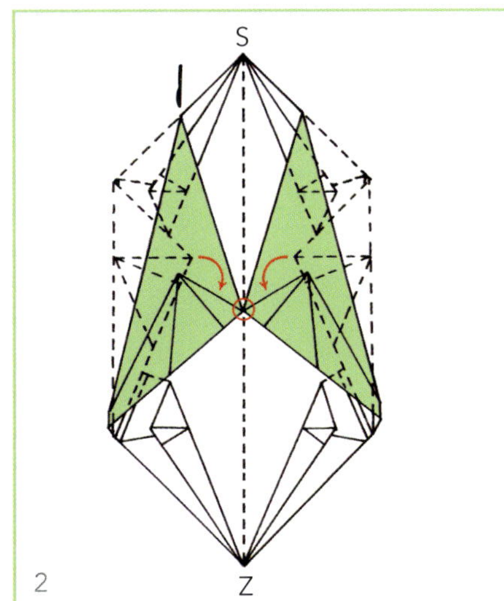

2

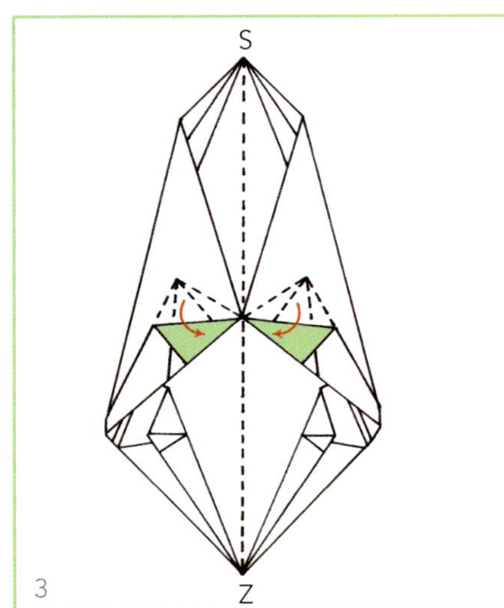

3

Das Zusammensetzen der acht Teile bleibt gleich (siehe Grundanleitung, S. 24). Beachten Sie dabei jedoch, dass die letzte Falte *senkrecht* bleibt. Sie soll nicht beim Zusammensetzen mitgenommen werden. Auf der Fensterscheibe können Sie diese offenen Falten leicht anheben, damit sie ein lockeres Zentrum bilden und somit ein dreidimensionaler Effekt entsteht.

Das Transparent unten (siehe auch S. 8) erhält seinen besonderen Reiz durch eine gezielte gelb-orange und rosa Aquarellfärbung des rein weißen Seidenpapiers.

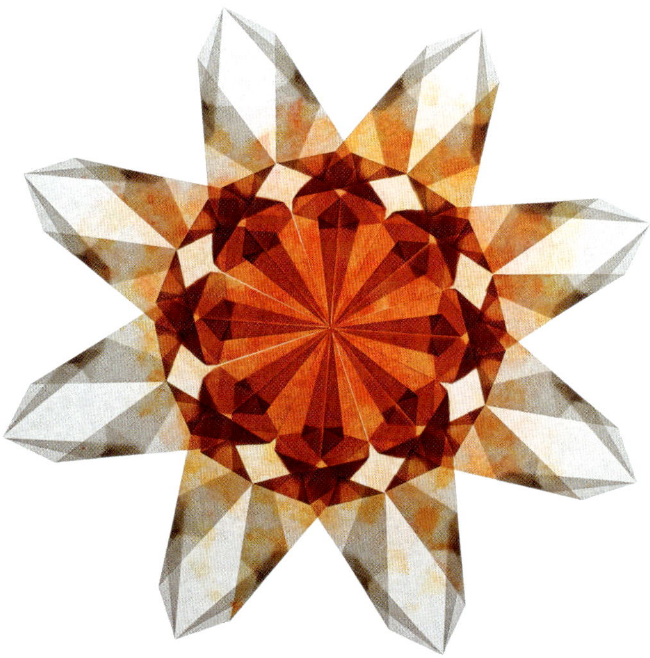

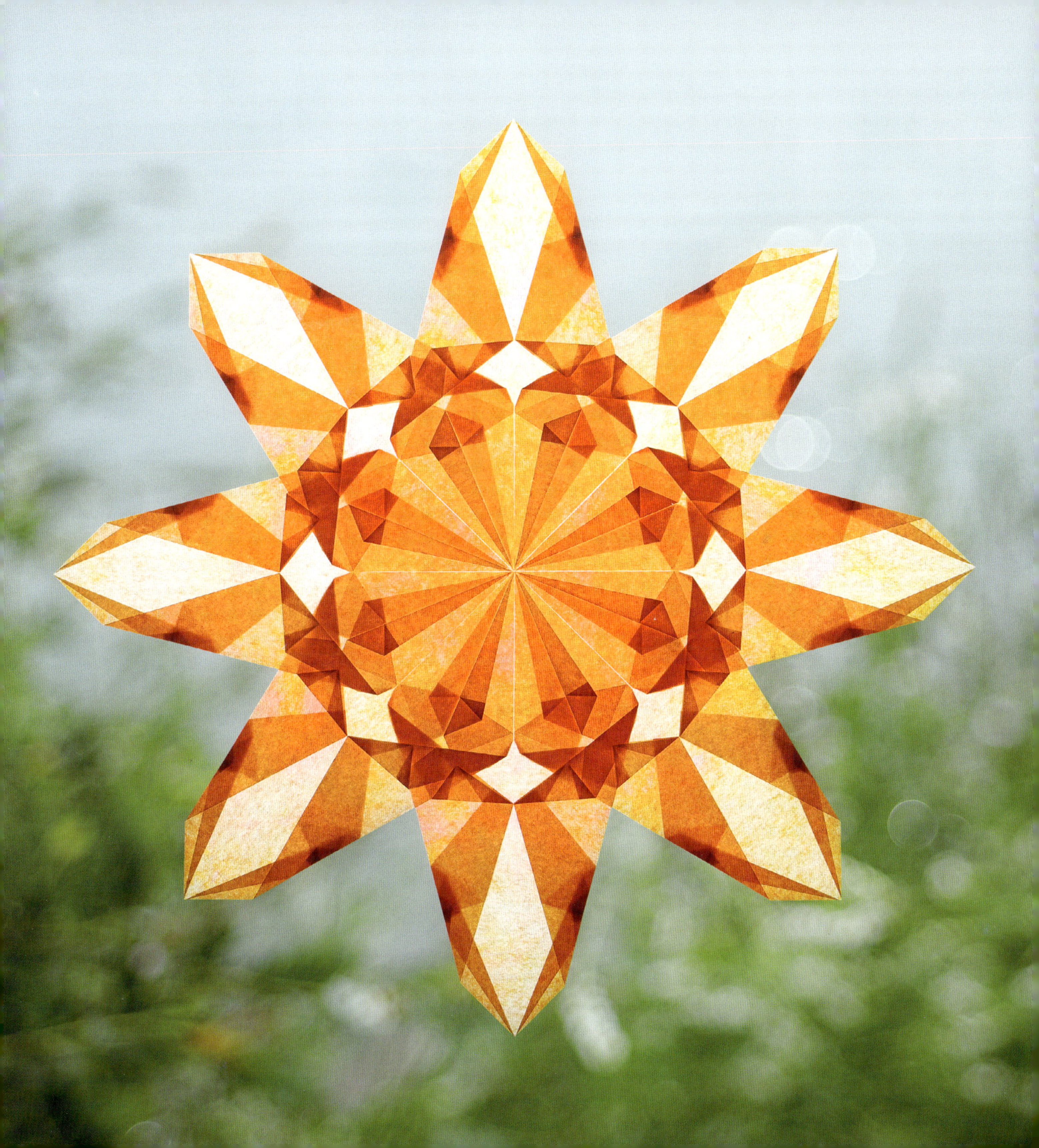

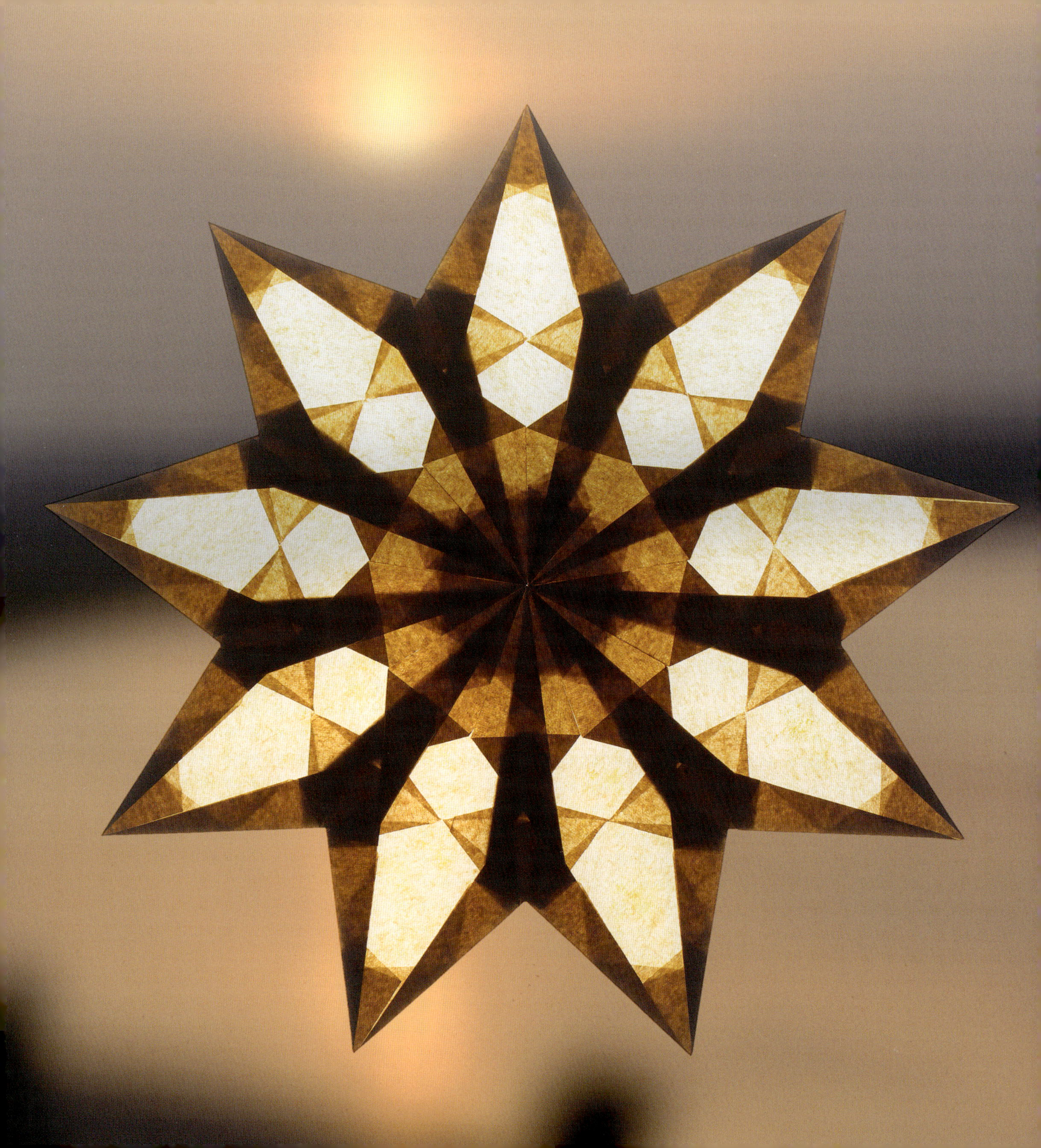

Sonnenblüten ***

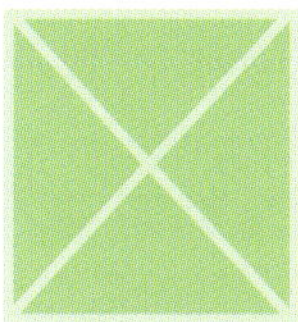

Neunstrahlig
Ø 33 cm, Schnitt 4
Ø 23 cm, Schnitt 1
Ø 16,5 cm Schnitt 5

Je nach Farbstimmung offenbaren diese Sonnenblüten aus Seidenpapier frühlingshafte oder herbstliche Grüße. Es erscheint im mittleren Bereich eine fein-rhythmische Reihenkette von zarten Dreiecken. Ungewöhnlich ist auch die Strahlenzahl neun.

Sie nehmen neun quadratische Schnitte der Größe 4, 1 oder 5. Dieses Mal gehen wir von den «Hauptnerven» der Diagonalen aus, so wie die kleine obige Figur es andeutet.
Abb. 1 und 2: Beginnen Sie mit der Vorbereitungsfalte, welche zu der sehr spitz zulaufenden nächsten Faltung führt. *Die obere Schnitthälfte wird genauso exakt und fein gebildet.*
Abb. 3: Die Ecke, mit der inneren Kante nach links orientiert, wird endgültig zum Zentrum (Z). Schließen Sie die Seitenflügel mit dem Messerrücken, um sie am Mittelpunkt anzukleben.

Das Transparent aus braunem Seidenpapier wurde mit hellgelben Tupfen aufgehellt.

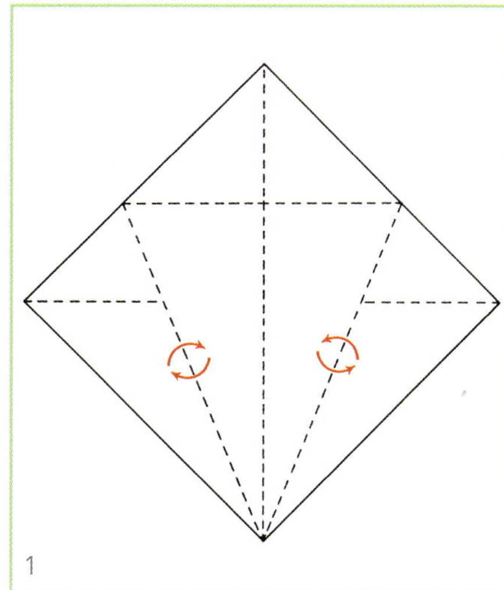

1

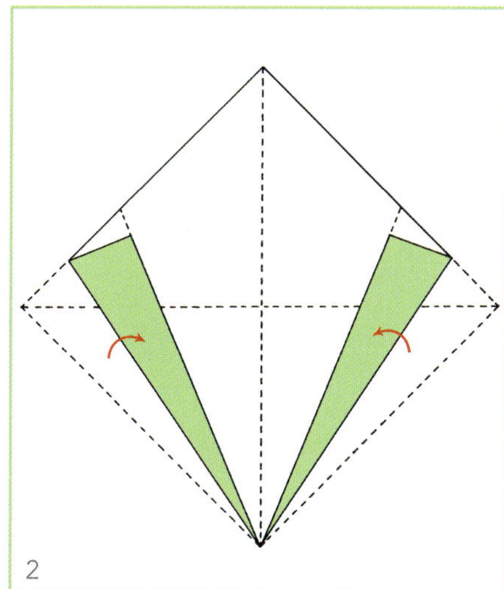

2

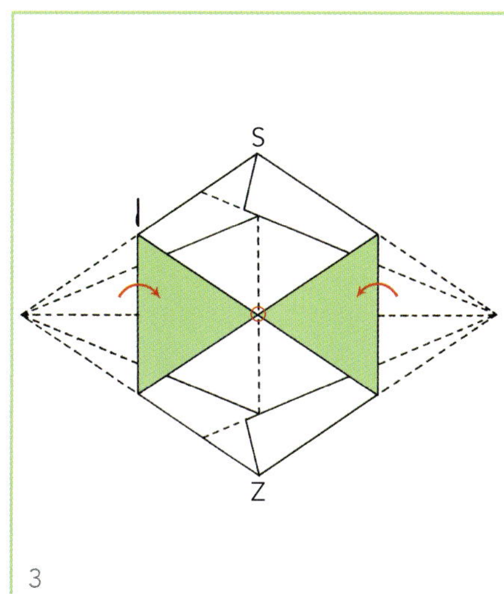

3

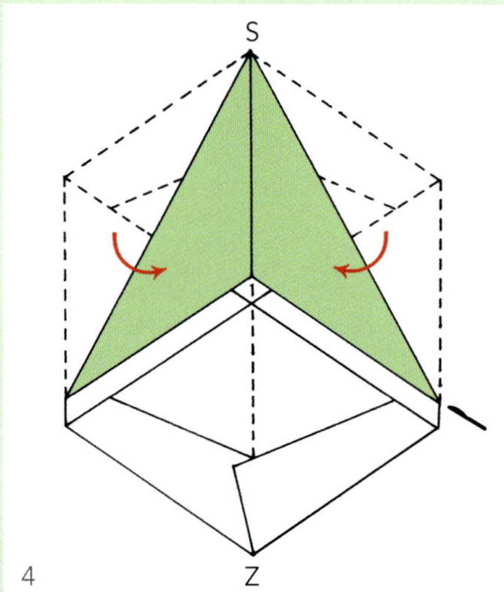

4

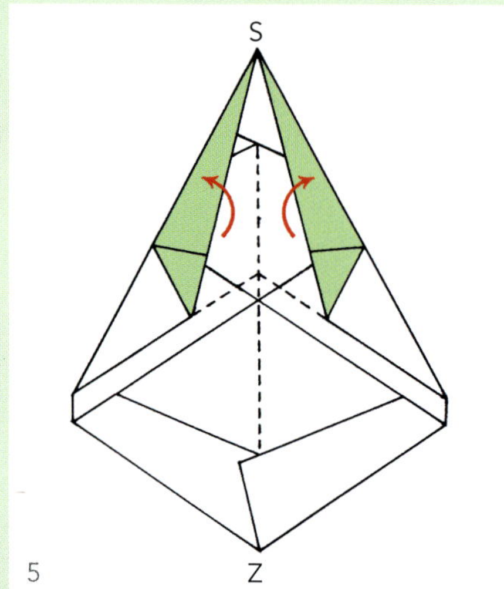

5

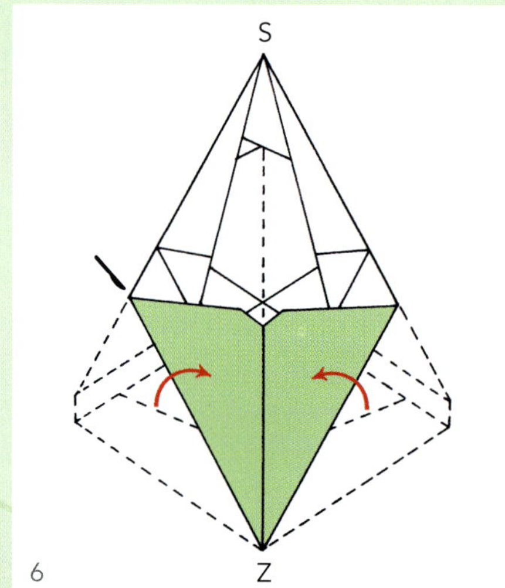

6

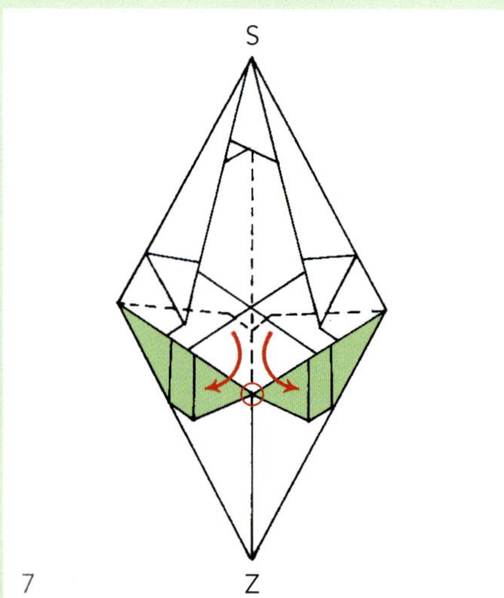

7

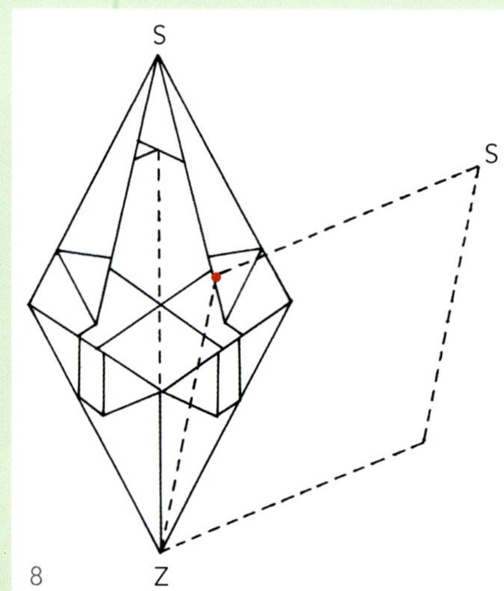

8

Abb. 4 – 7: Falten Sie weiter nach den Schritt-für-Schritt-Zeichnungen.

Abb. 8: Für das Zusammensetzen der neun Strahlen (siehe Grundanleitung, S. 26) finden Sie den Orientierungspunkt • fast an der rechten inneren Kante angezeigt.
Je nach Wahlgröße Ihrer Schnitte gelten die folgenden Angaben:

- Bei Schnitt 4 liegt dieser Orientierungspunkt 1,5 mm von der Kante entfernt.
- Bei Schnitt 1 liegt dieser Orientierungspunkt 1 mm von der Kante entfernt.
- Bei Schnitt 5 liegt dieser Orientierungspunkt genau an der Kante.

Bringen Sie erst ganz wenige Klebstoffpunkte an, damit Sie bei der Abstimmung dieser minimalen Entfernungen eventuell nachkorrigieren können. Kleben Sie zum Schluss die losen Falten, wenn Sie die Struktur eher betonen möchten. Lassen Sie sie offen, so wirken diese «Sonnenblüten» luftiger.

Das strohgelbe Transparent wurde ausnahmsweise im Nachhinein mit einem Aquarellfilzstift auf seinen Strahlenkanten leicht blau getönt, daher wirken sie dann grün.

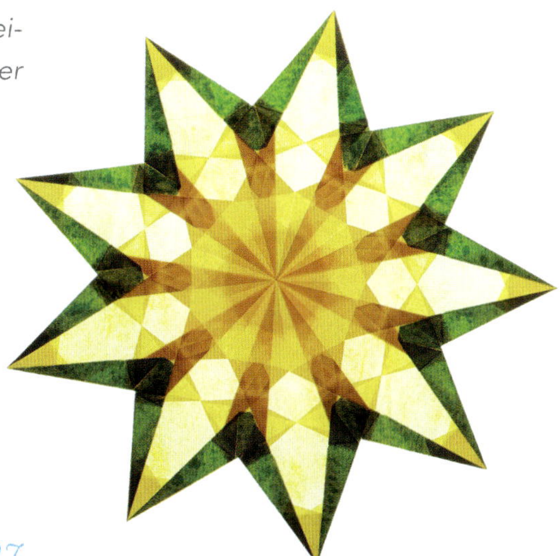

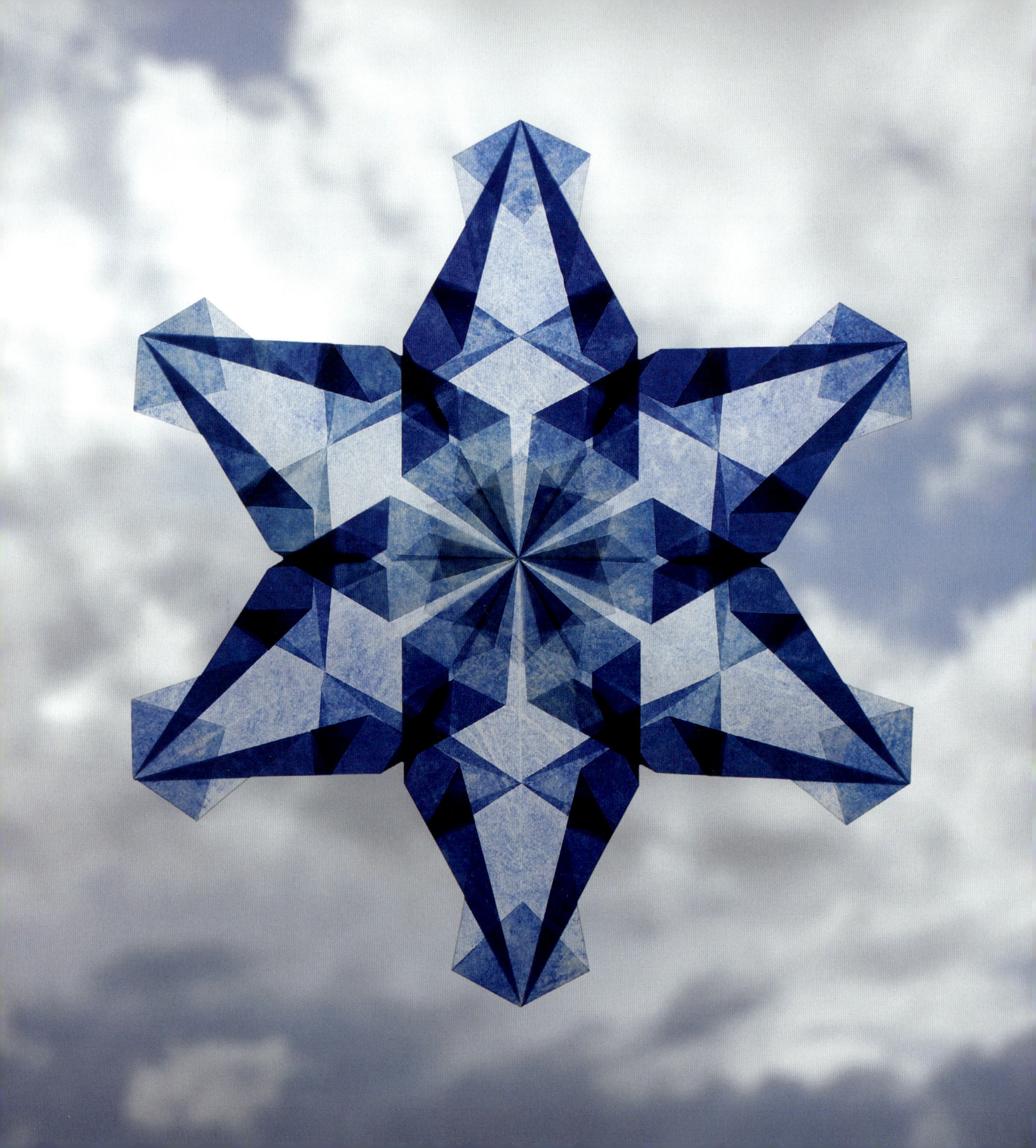

Sternkristall ****

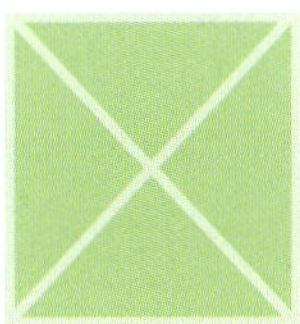

Sechsstrahlig
Ø 33 cm, Schnitt 4
Ø 23,5 cm, Schnitt 1
Ø 16,5 cm, Schnitt 5

Dieser klare und schöne Kristall ist eine weitere Verwandlung des vorigen Transparents. Auch wenn die mittlere Dreieckskette sich noch deutlich erkennen lässt, so hat doch die gesamte Gestalt einen völlig neuen Charakter angenommen. Das Licht dringt hier bis zum Kelch der fein ziselierten Eisblüte, während die an ihren Spitzen verschleierten Strahlen mehr Ruhe nach innen reflektieren.

Nehmen Sie sechs quadratische Schnitte von 4, 1 oder 5 und verfolgen Sie genau den gleichen Aufbau von «Sonnenblüten», Seite 35, bis inklusive Zeichnung Nr. 6.

Abb. 1: Die innere Falte der Strahlenspitze (S) wird mit der Messerspitze herausgeholt. Dieser Vorgang ist angedeutet mit ➔. Ziehen Sie also diese Falte wie eine Lasche heraus und legen Sie sie nach der Zeichnung nach links. Im Zentrum (Z) öffnen Sie beide Falten.

Abb. 2: Die (S)-Falte wird jetzt über die Innenkante nach rechts geknickt. Falten Sie (Z) nach der Zeichnung.

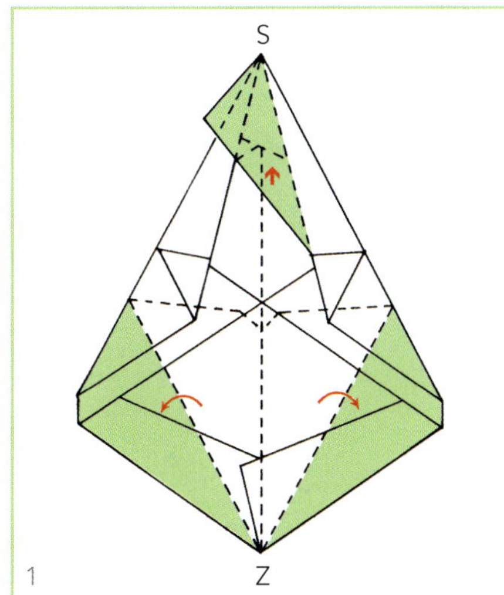

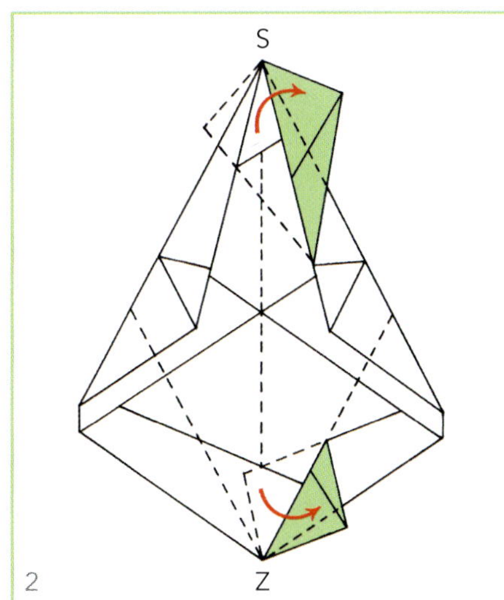

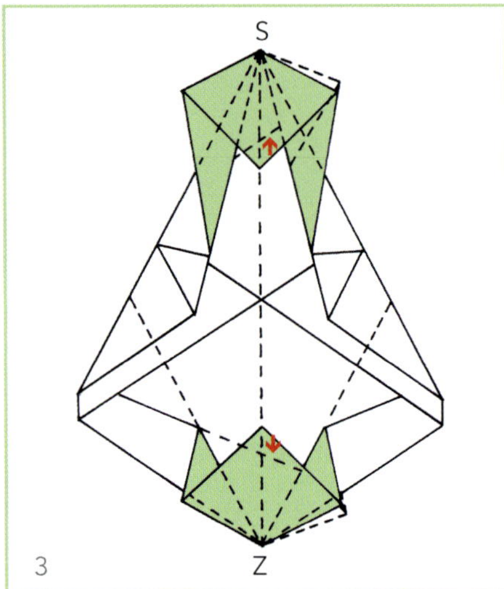

3

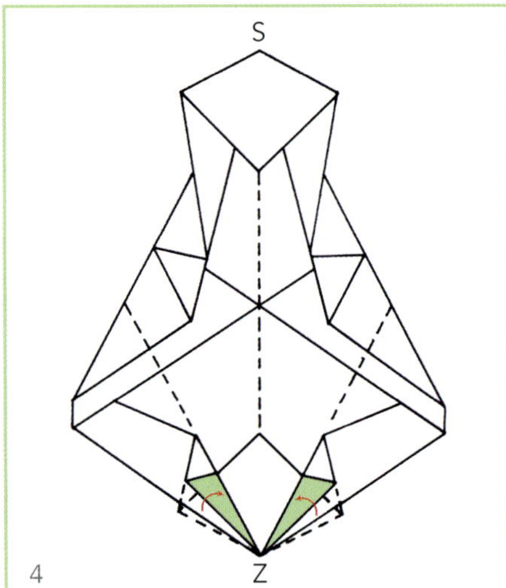

4

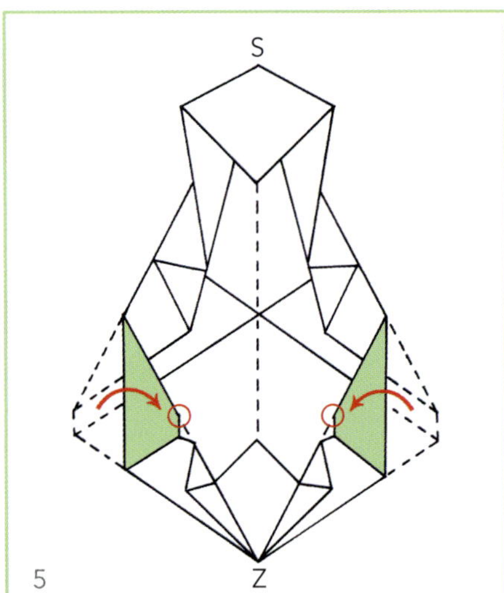

5

Abb. 3: Ähnlich dem Vorgang von 1 (➔) holen Sie jetzt die zweite innere Falte der Spitze (S) mit der Messerspitze hervor. Ziehen Sie langsam die ganze Faltung heraus. Knicken Sie diese Seite über die innere Kante nach links. Es bleibt dann eine Art Trichterform, die Sie flachdrücken. Achten Sie darauf, dass der Vorderwinkel exakt auf die Mittellinie trifft. Helfen Sie sich dabei ganz vorsichtig mit der Messerspitze. Beim Zentrum (Z) ist der gleiche Vorgang anzuwenden.

Abb. 4: Hier wird das Zentrum (Z) weiter verfeinert. Achten Sie darauf, dass es spitzeckig bleibt.

Abb. 5: Kleben Sie die Seitenflügel.

Somit sind Ihre Schnitte für das Zusammensetzen mit dem sechsstrahligen Diagramm bereit (siehe Grundanleitung, S. 25).

An der Fensterscheibe können Sie dann die ungeklebten Seitenkanten der Außenstrahlen und der inneren Blüte leicht hervorziehen, desgleichen natürlich die anmutigen losen Spitzen.

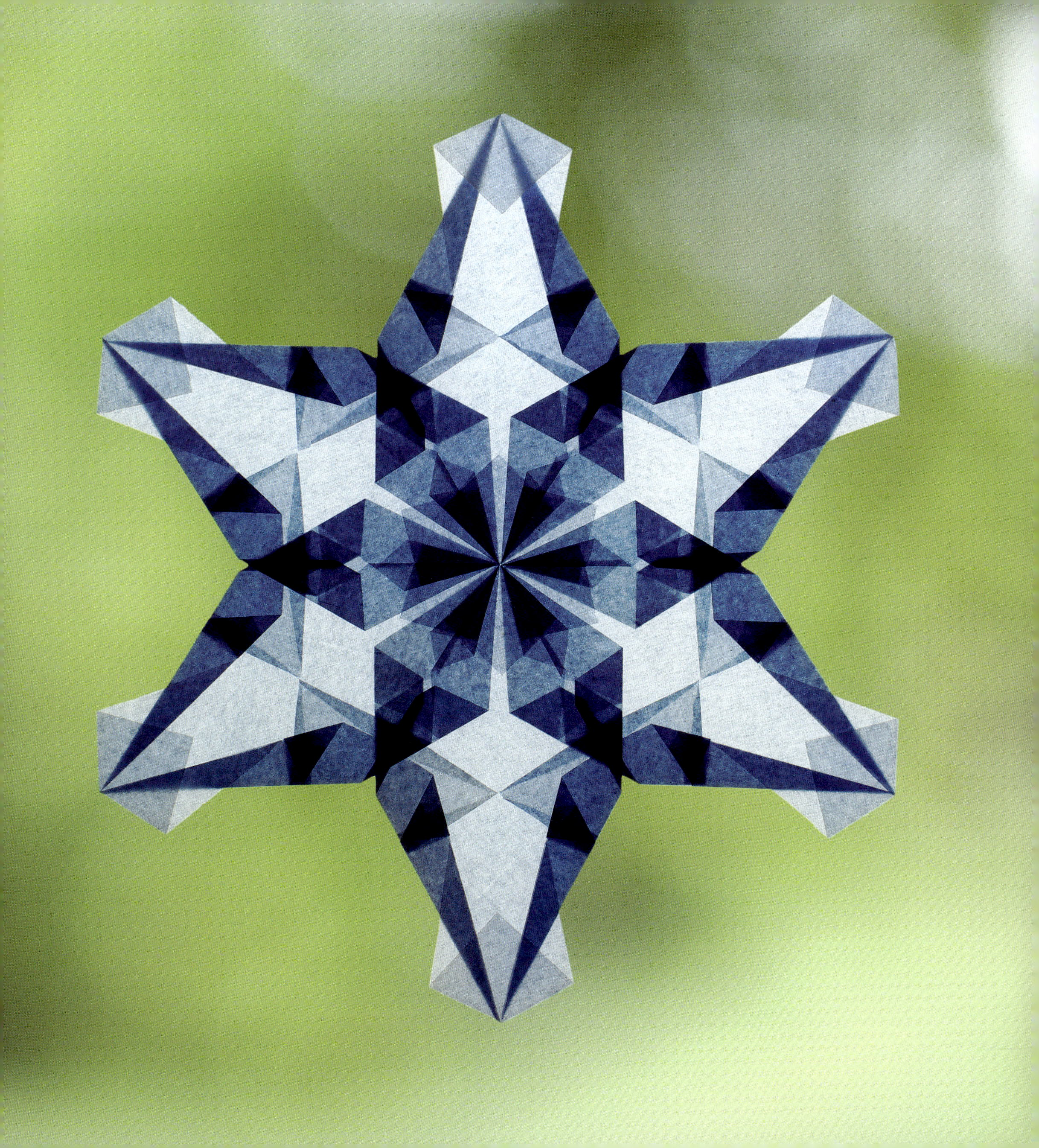

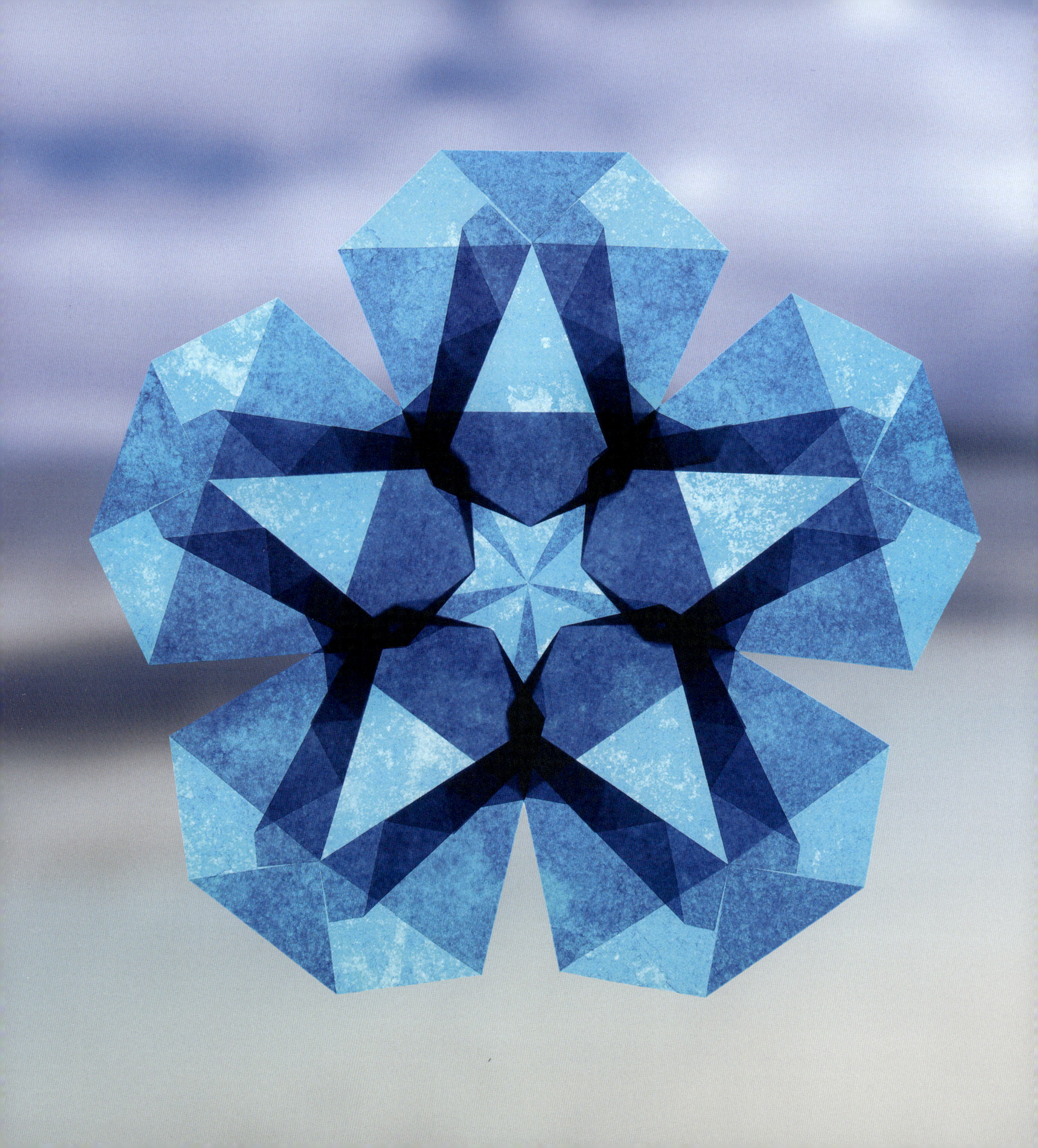

Leicht und luftig**

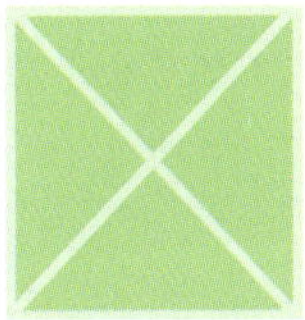

Fünfstrahlig
Ø 28 cm, Schnitt 4
Ø 21 cm, Schnitt 1
Ø 14,5 cm, Schnitt 5

Diese Sternblüte scheint leicht und luftig wie vom Himmel herabzufallen. Lockere Innenfalten unterstützen dieses Gefühl der Leichtigkeit.

Erst bilden Sie die Diagonalen für die fünf angegebenen Schnitte.
Abb. 1 – 3: Nach der gezeigten Vorbereitungsfalte arbeiten Sie anhand der Zeichnungen weiter.

Bei diesem Blütenstern, wurde das Türkisblau mit einem Schwämmchen tupfenweise entfärbt; der Stern erhält dadurch eine Tendenz zur Verschmelzung.

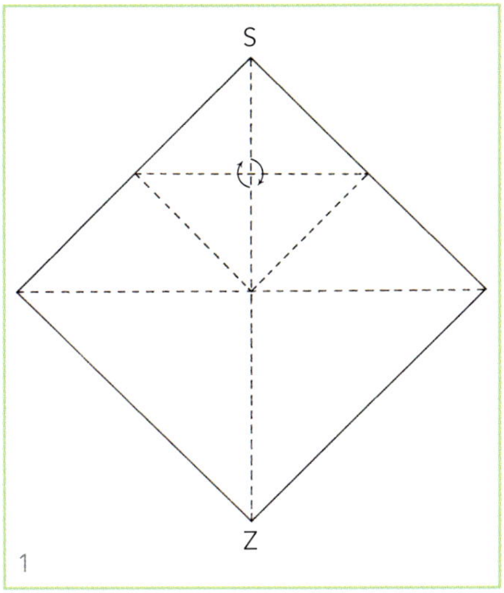

1

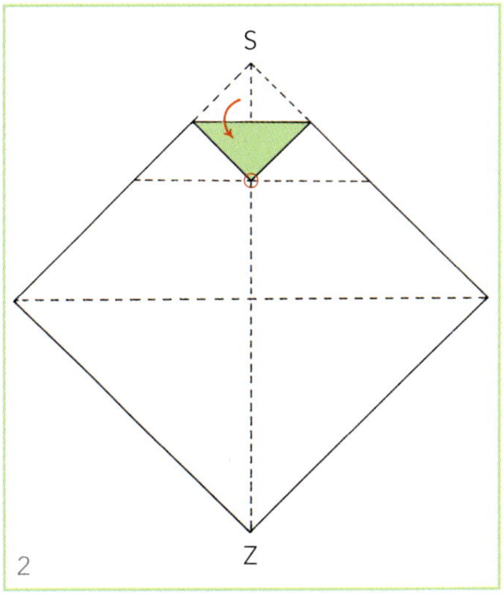

2

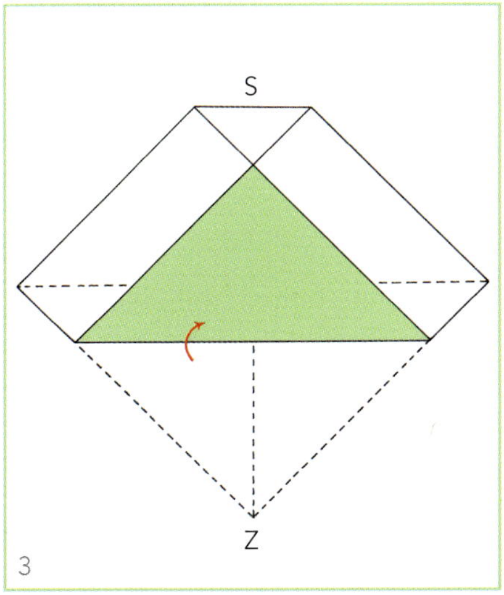

3

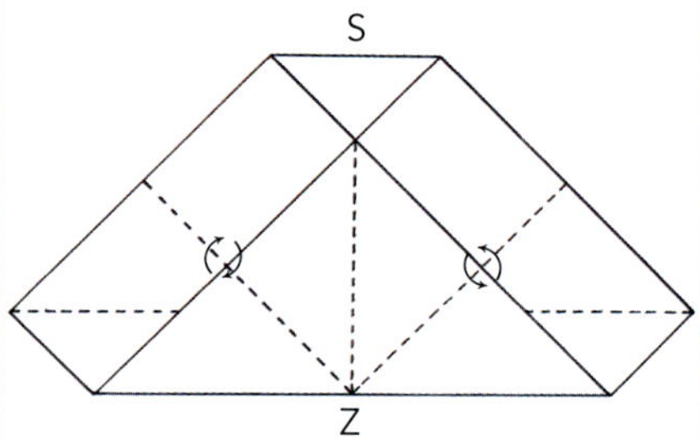

4

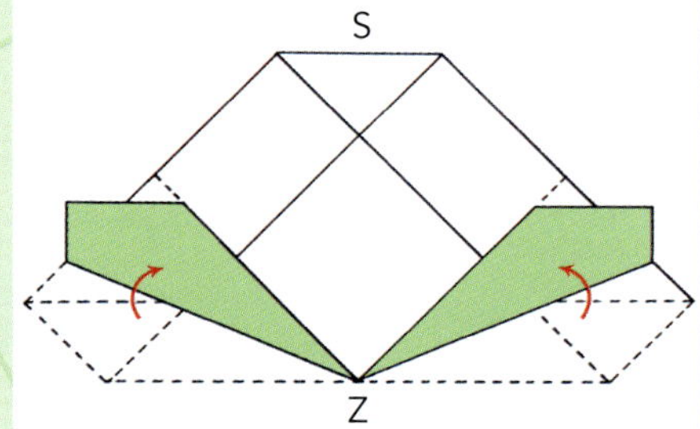

5

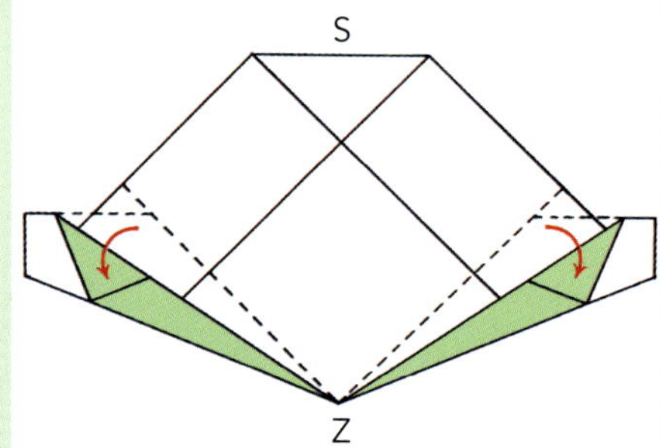

6

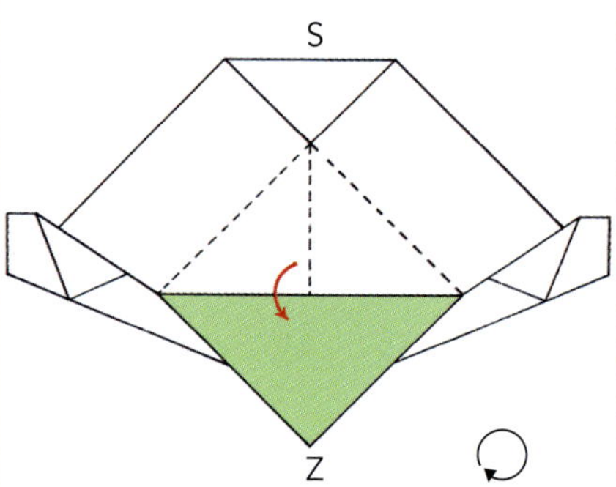

7

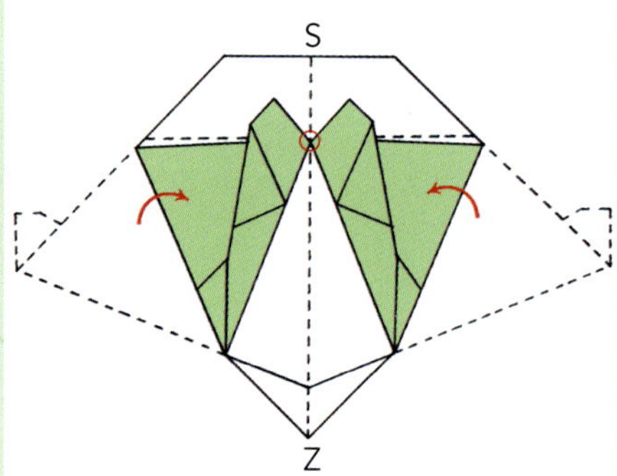

8

Abb. 4: Wiederum eine Vorbereitungsfalte bilden: beide Seitenflügel entlang der Diagonale legen und öffnen, um die zwei schrägen Hilfslinien zu bekommen.

Abb. 5 – 7: Nach den Zeichnungen fortfahren. *Kehren Sie jetzt Ihren Schnitt um!* ↺

Abb. 8: Knicken Sie die Flügel zurück und kleben Sie sie mit einem kleinen Klebstoffpunkt an.

Die Schnittseite mit den ungeklebten Innenkanten wird *die Vorderseite* des fertigen Transparents.

Mit dem fünfstrahligen Diagramm fügen Sie das Transparent zusammen (siehe Grundanleitung, S. 25).

Da bei diesem Fünfstern die Spitzen auf die Mittellinien geklebt sind, legen Sie beim Zusammensetzen Ihre Schnitte so an, dass diese Mittellinien mit den Diagrammstrahlen übereinstimmen.

Mit dem Klebstoff sollten Sie stets sparsam umgehen, vor allem im Zentrum (Z), wo das Seidenpapier keine Faltung hat.

Sind es luftige Sternenblüten oder leichte Blütensterne, die am Fenster wie Schmetterlinge gaukeln?

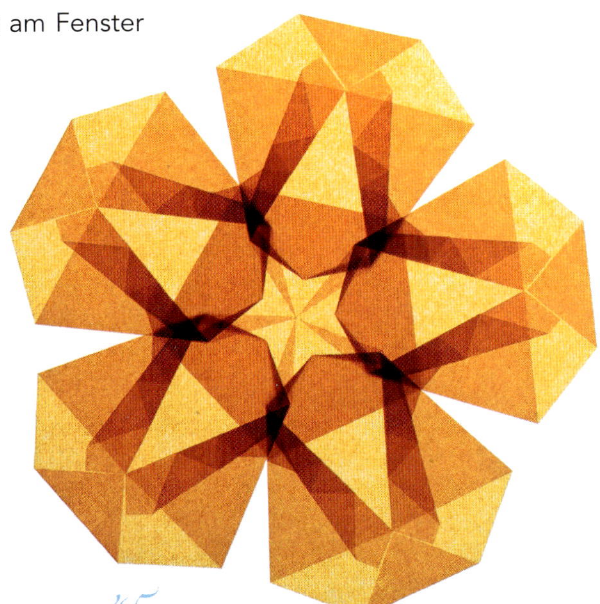

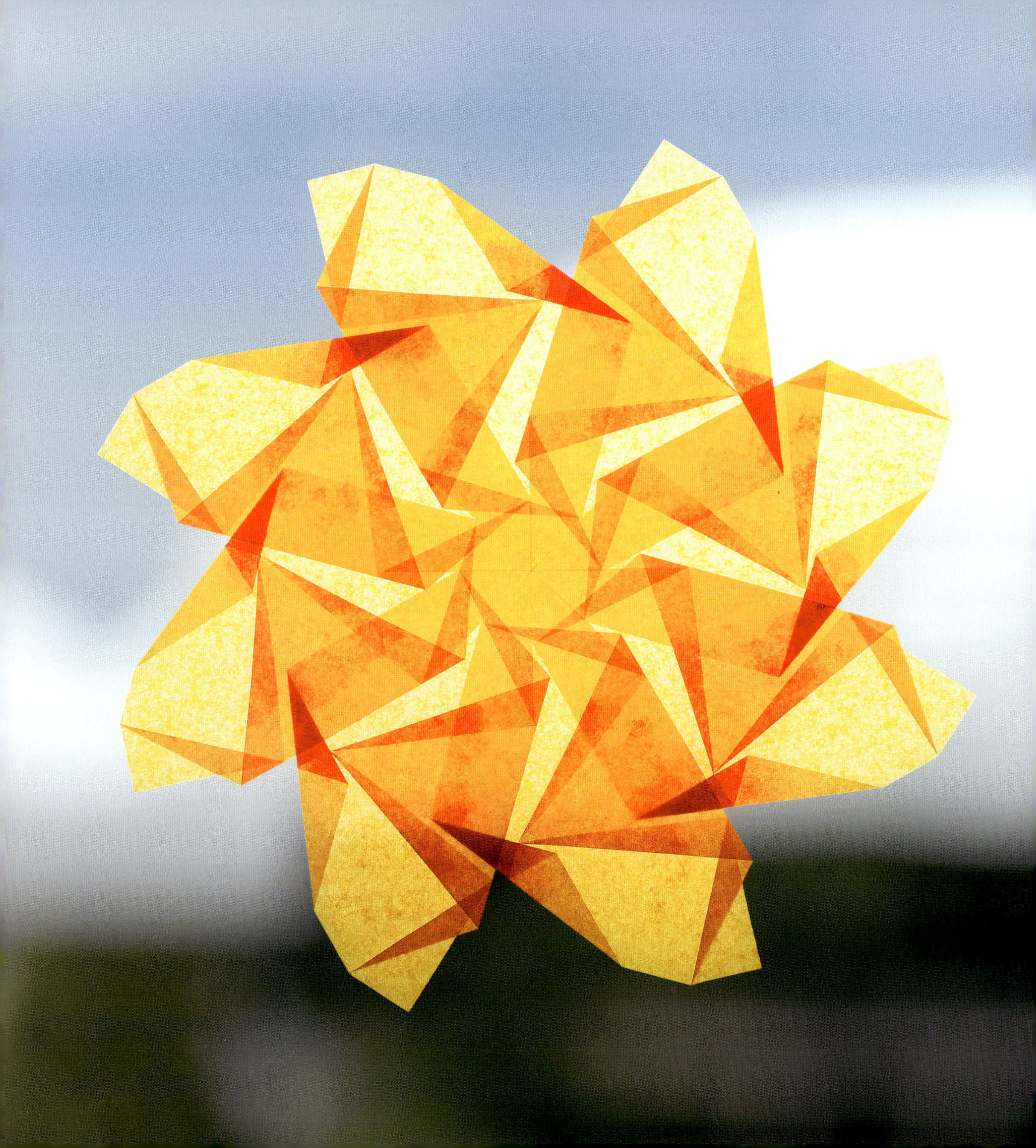

Sonnensiegel **

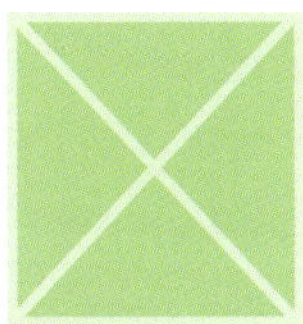

Achtstrahlig
Ø 30,5 cm, Schnitt 1
Ø 21 cm, Schnitt 5
Ø 15,5 cm, Schnitt 2

Dieses wirkungsvolle Transparent erinnert an einen alten Brauch zur Zeit der Sommersonnenwende, als die Dorfleute entzündete Holzräder während der Johanninacht von den Bergen herabrollen ließen.

Dieses Sonnenrad gehört zu den besonderen Transparenten, deren fertig gefaltete Schnitte ein ungewöhnliches Zentrum ergeben.

Bilden Sie die Diagonalen der acht Schnitte besonders deutlich. Die ersten Faltvorgänge gehen auf zwei schon bekannte und einfache Vorbereitungsfalten zurück: Beginnen Sie mit den Abbildungen 1 und 2 von «Sonnenblüten» (S. 35), dann folgen Abbildungen 1 und 2 von «Leicht und luftig» (S. 43).

Abb. 1: Fahren Sie fort, indem Sie beide Winkel auf der Faltlinie festkleben.

Abb. 2: Öffnen Sie die Seitenecken, indem Sie bis zu den verdeckten feinen Spitzen vorsichtig ziehen. Achten Sie darauf, dass die Oberteile dieser Seiten sich langsam verjüngen, bis sie ganz flach werden.

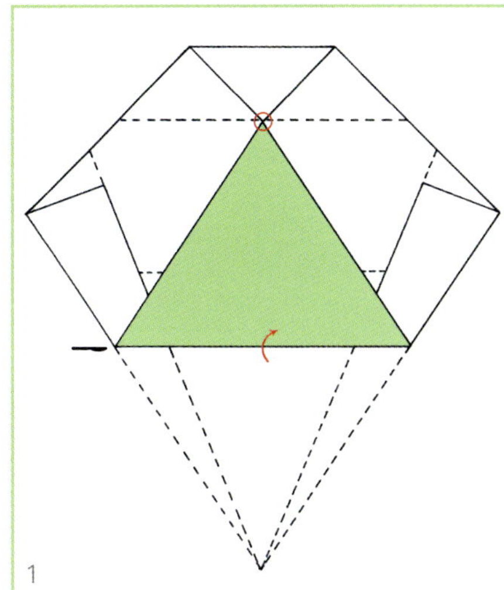

1

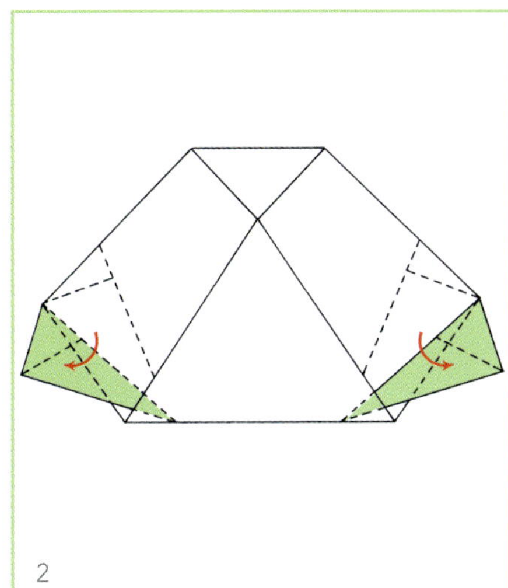

2

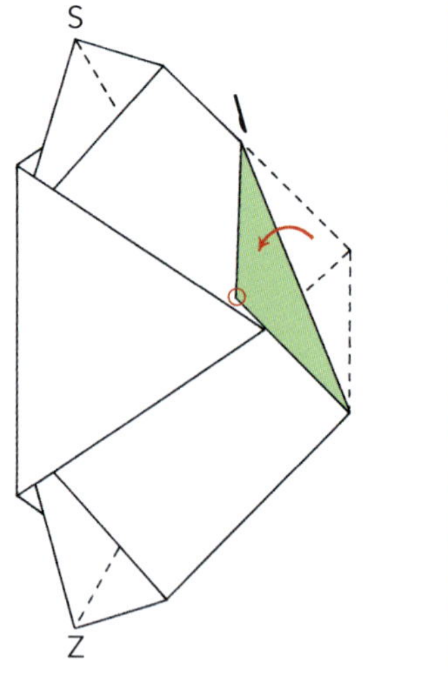

3

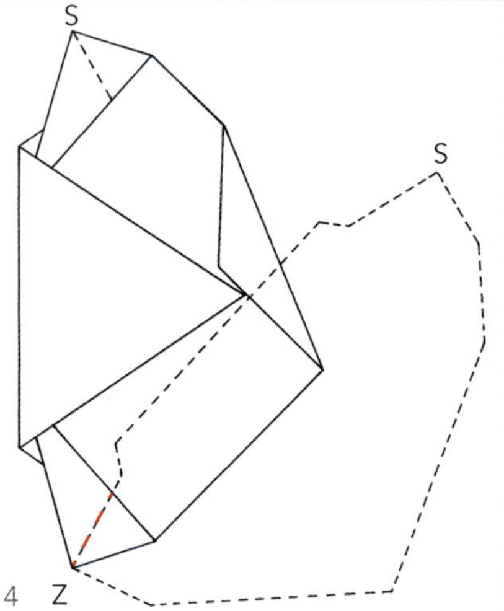

4

Abb. 3: *Das rechte Schnitteck wird zum Zentrum (Z)!* Nach der Zeichnung falten, glätten und kleben.

Abb. 4: Auch wenn die Stelle (Z) hier ungewöhnlich ist, so wird das Transparent wie die achtstrahligen Transparente (siehe Grundanleitung, S. 24) zusammengefügt. Die alte Diagonale am Zentrum (Z) – rot punktiert – bietet die normale Stützlinie. Je nach Behandlung des Papiers und je nach Transparentgröße wird sich die linke Seitenkante des zweiten Schnitts mehr oder weniger an die geklebte Spitzstelle des vorigen anlegen können. Bringen Sie wenig Klebpunkte an das Zentrum (Z) an, weil es ungefaltet ist.

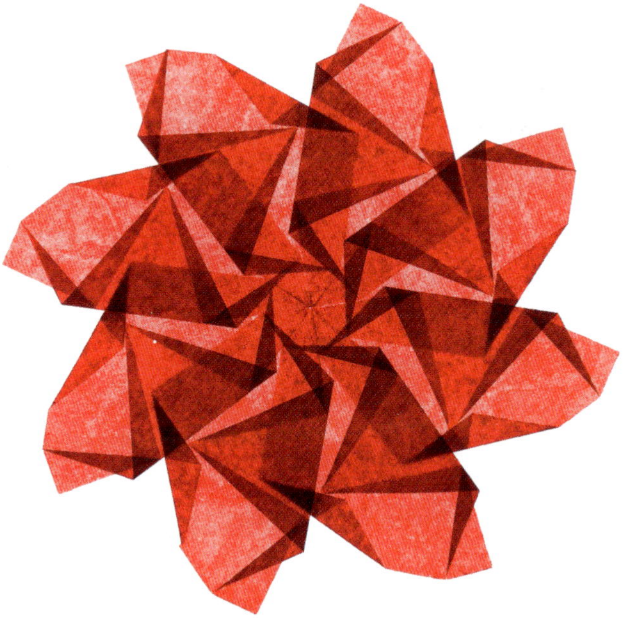

Zarte Eissplitter***

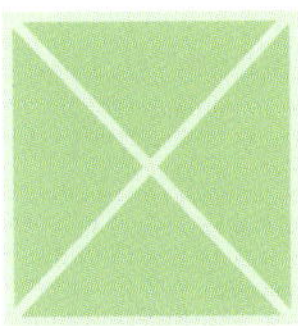

Sechsstrahlig
Ø 38 cm, Schnitt 1
Ø 27 cm, Schnitt 5

Bevor diese Schneeflocke völlig verschmelzen wird, offenbart sie noch das Filigran ihres zarten Gewebes. Hier war wieder die Winterfee am Werk!

Die technische Ausführung dieses Kristalls (s. auch S. 10) dauert nicht zu lange, da eine Schnitthälfte ungefaltet bleibt. Bilden Sie die Diagonalen von zwölf quadratischen Schnitten, wie oben angegeben.

Greifen Sie zunächst für das Zentrum (Z) auf die zwei Vorbereitungsfalten von «Leicht und luftig» zurück (siehe die Zeichnungen 1 und 2, S. 43).

Abb. 1 – 3: Dann falten Sie weiter nach den hier vorliegenden Zeichnungen.

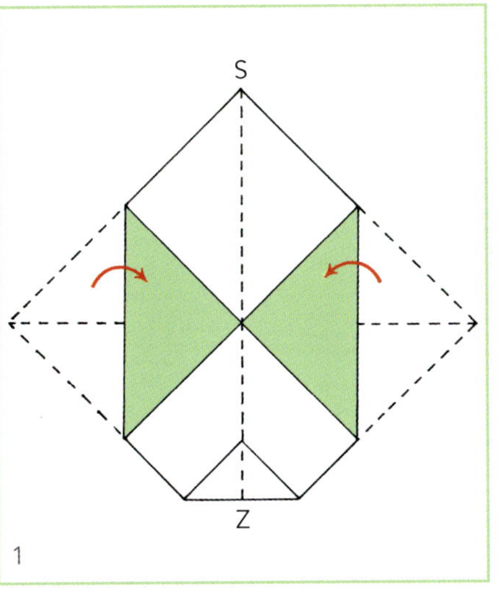

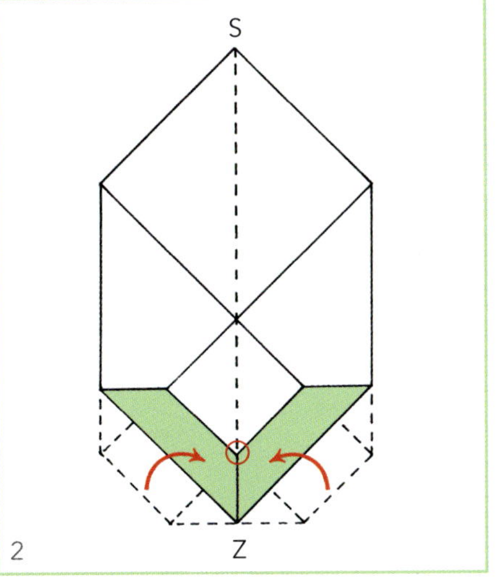

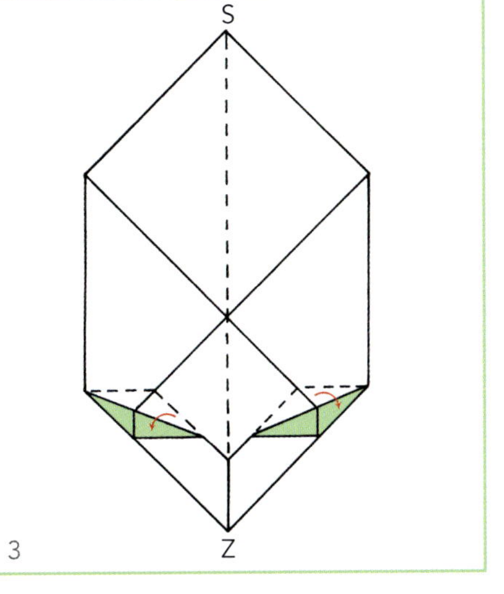

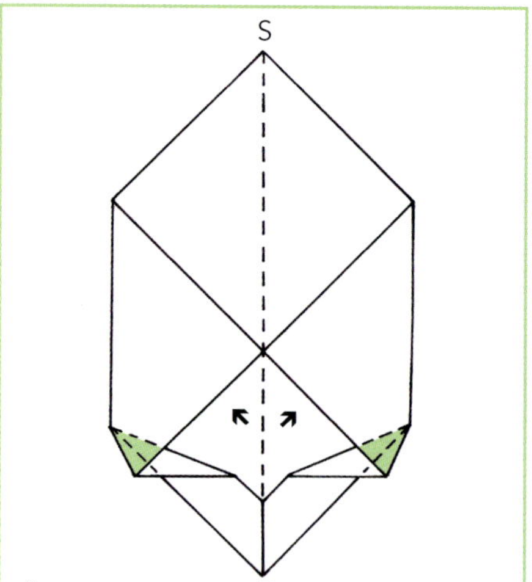

4

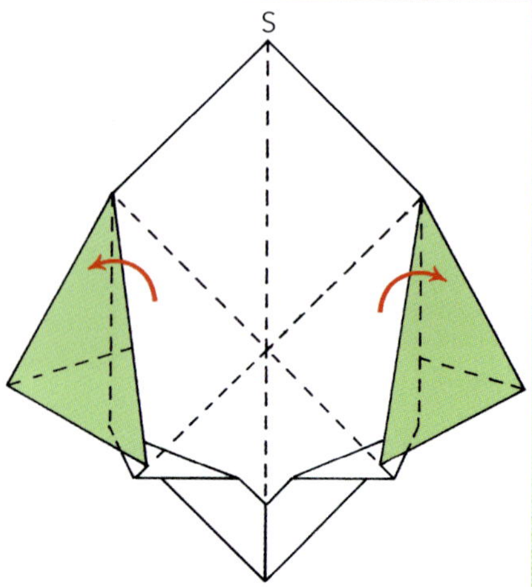

5

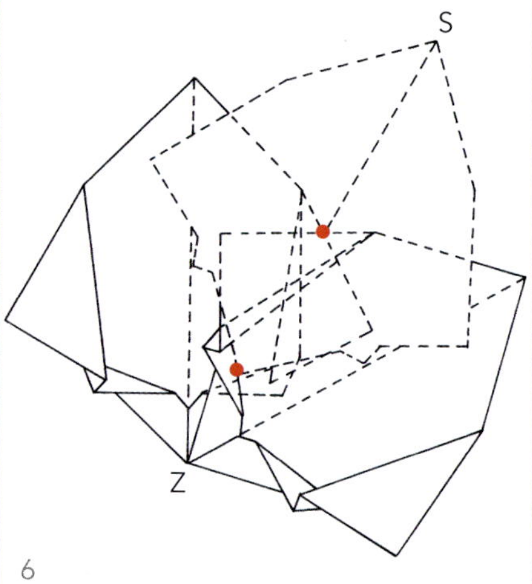

6

Abb. 4: Ziehen Sie leicht an den zwei mittleren losen Winkeln, damit Sie die unteren Eckchen dann hervorholen können.
Abb. 5: Diese Winkelflügel werden nach außen geknickt. *Dazu legen Sie beide Male Ihren Zeigefinger auf das winzige freigelegte Dreieck* der (Z)-Seiten, während Sie diese Flügel nach außen knicken. Dann glätten Sie die Falte, die sehr spitz nach oben verläuft, bis sie ganz flach wird.
Abb. 6: Nehmen Sie erst sechs fertige Schnitte für das Zusammensetzen auf dem sechsstrahligen Diagramm (siehe Grundanleitung, S. 25). Anschließend kleben Sie die sechs übrigen Schnitte, so wie die Zeichnung es veranschaulicht, einen nach dem anderen zwischen zwei Strahlen. Wichtig ist dabei, dass die Mittellinie der neu anzubringenden Schnitte genau die Kreuzung zweier geklebter Strahlen trifft.
Hier können die Faltungen mit langen Klebstoffstrichen befestigt werden.
Aus zwölf Teilen entsteht eine sechsstrahlige Kristallform. Die fein ziselierten Eissplitter kommen im Gegenlicht besonders schön zur Geltung, weil alle Falten festgeklebt sind.

Bei der großen eleganten Schneeflocke wurden alle Einzelschnitte auf jeder (Z)-Ecke mit einem zarten Lila leicht aquarelliert (siehe Abbildung S. 10).

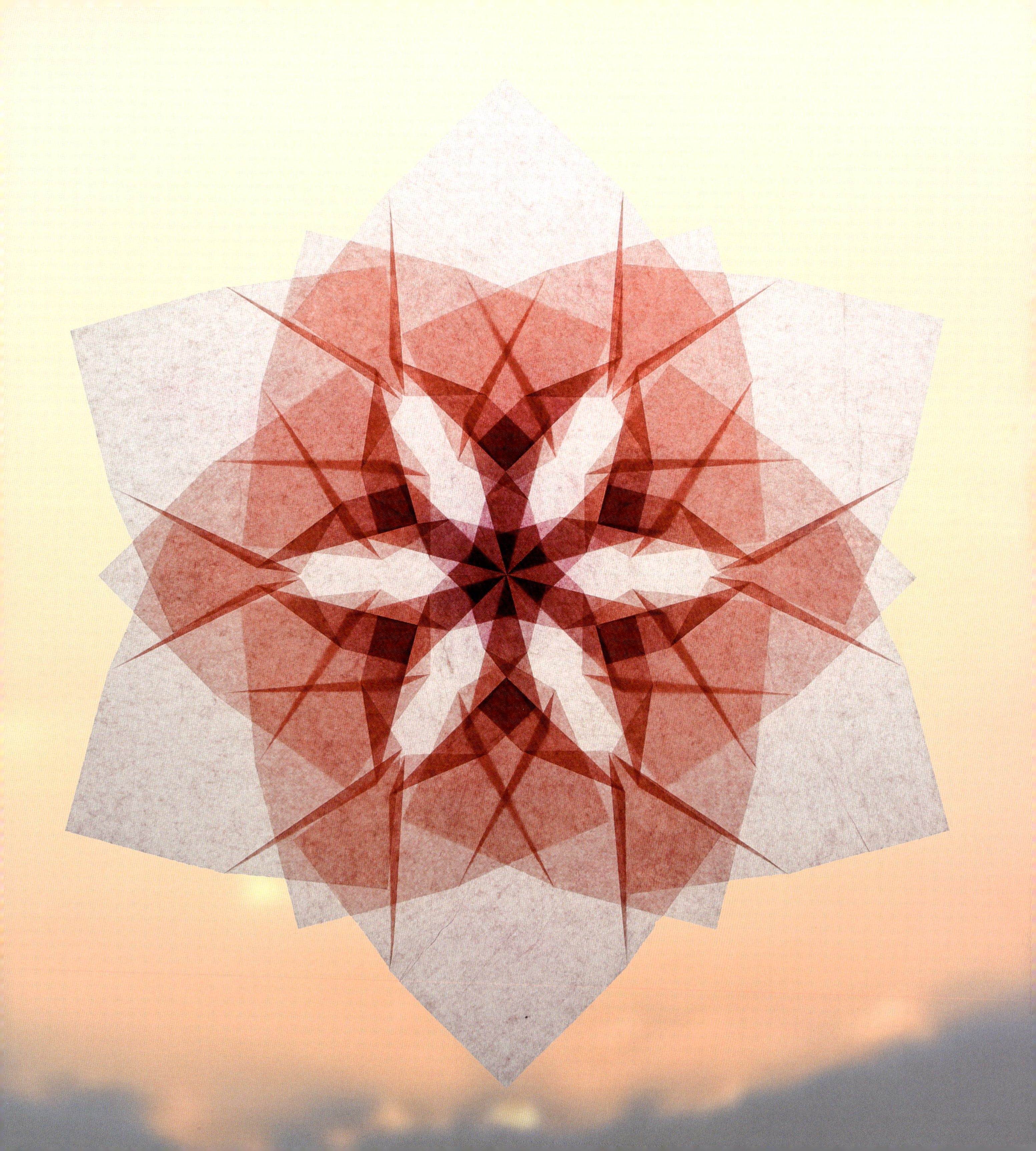

Quintenstimmung****

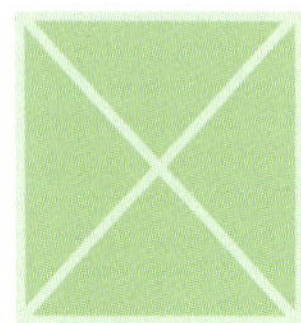

Fünfstrahlig
Ø 32,5 cm, Schnitt 4
Ø 23 cm, Schnitt 1
Ø 16 cm, Schnitt 5

Verschiedene Fünfeckgebilde bringen ein Gefühl von Ruhe und Geborgenheit ... Eingehüllt noch im Schoß seidiger Faltungen träumt hier ein Stern – ähnlich dem Samen im Kerngehäuse eines Apfels.

Abb. 1 – 4: Falten Sie die beiden Diagonalen Ihrer fünf Schnitte und fahren Sie nach den Schritt-für-Schritt-Zeichnungen fort.
Abb. 5: Legen Sie den (S)-Winkel auf den Kreuzpunkt zwischen Hilfslinie und Diagonale. Knicken Sie die zwei Seitenecken auf die Diagonalenansätze der Kanten.
Abb. 6: Für diese feinen Falten behelfen Sie sich mit dem Messerrücken. Bilden Sie die (S)-Spitze weiter. Die angezeigten Klebepunkte jetzt anbringen.

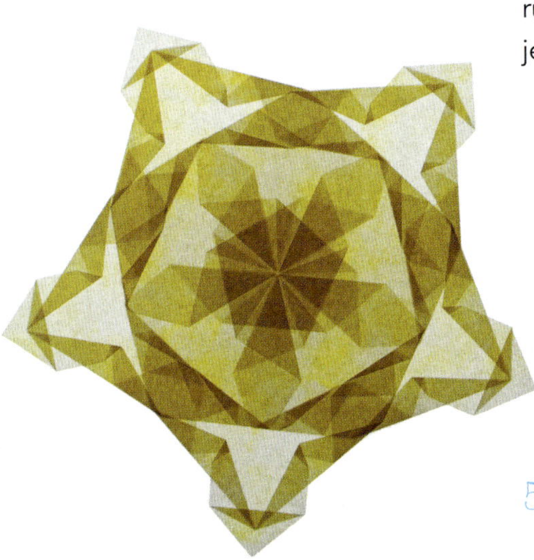

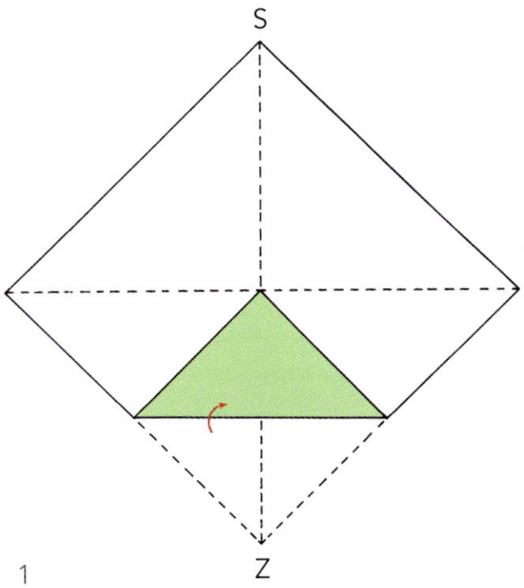

1

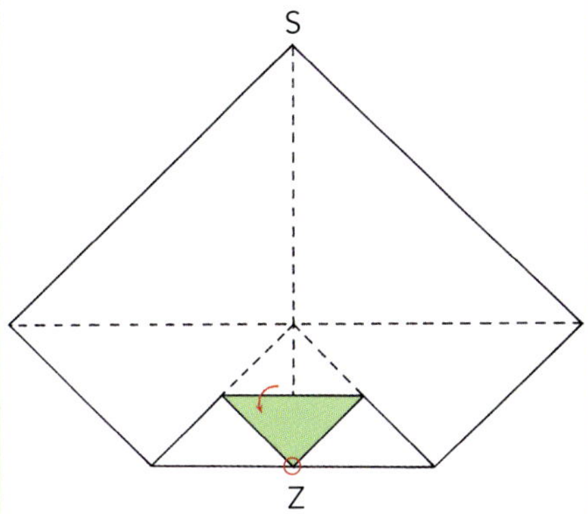

2

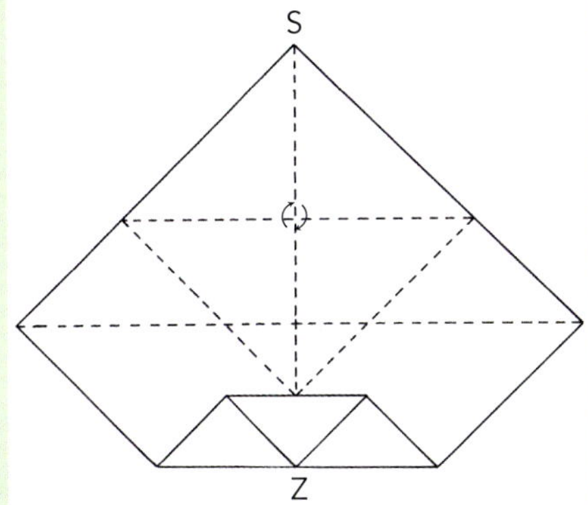

3

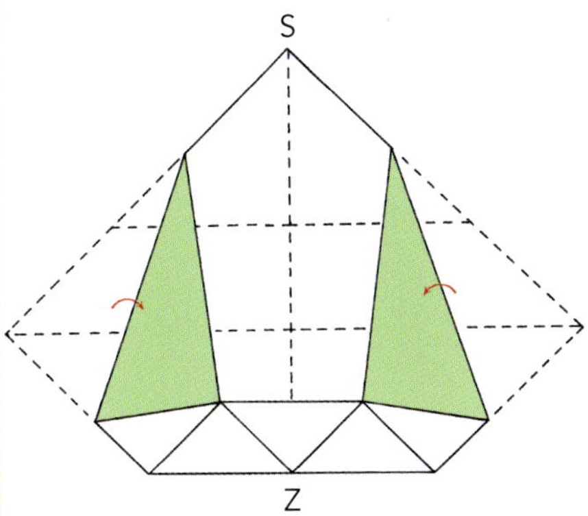

4

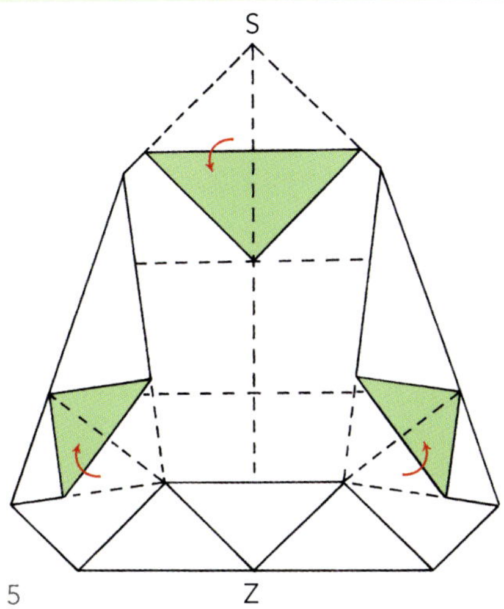

5

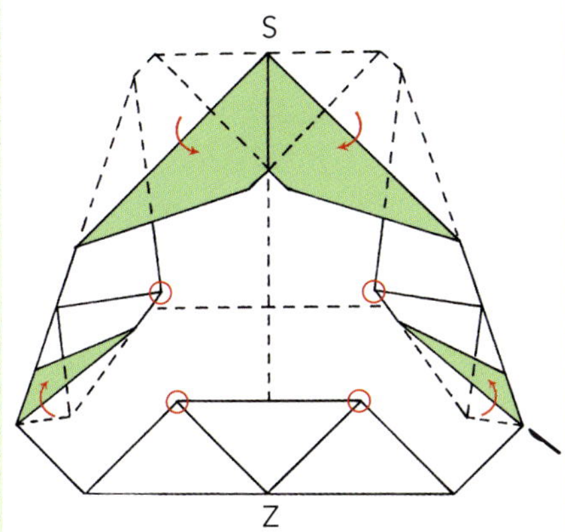

6

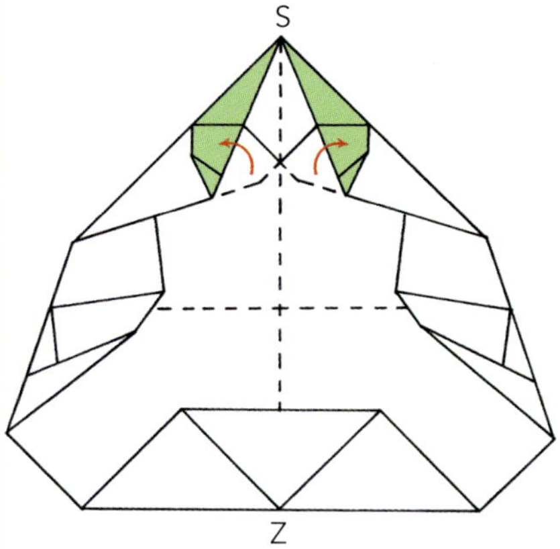

7

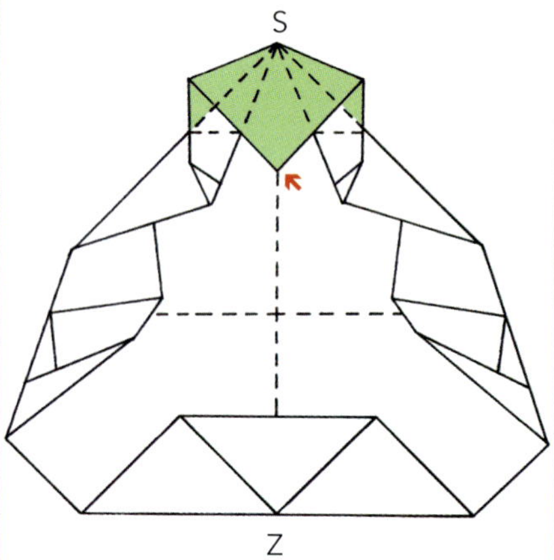

8

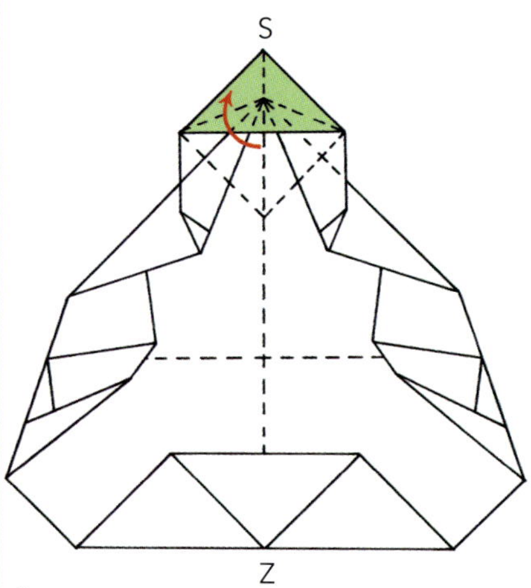

9

Abb. 7: Die Seitenecken der Spitze (S) öffnen.
Abb. 8: Ziehen Sie langsam an den losen Innenwinkeln der Spitze (S), um die verdeckten Falten wieder freizulegen. Glätten Sie mit den Fingern diese Falten wieder.
Abb. 9: Zuletzt klappen Sie die lose (S)-Ecke zurück. Achten Sie hierbei darauf, dass die Diagonallinie gerade bleibt.

Sind Ihre fünf Schnitte fertig, so beginnen Sie mit dem Zusammensetzen auf dem entsprechenden Diagramm (siehe Grundanleitung, S. 25).
Sie können die Spitzen ungeklebt lassen. Dadurch werden die lockeren Faltungen leicht dreidimensional. Manche innere Konturen bleiben dann verschwommen, wie träumerisch.
Bringen Sie jedoch einige Klebepunkte an, dann tritt das subtile flache Dreieckchen noch deutlicher hervor. Es sieht dann so aus, als ob jede Spitze ein Dächlein oder ein chinesisches Hütchen aufhätte.

Das lindgrüne Seidenpapier wurde mit dem folgenden Verfahren leicht abgetönt: Auf das grüne Blatt wurde ein zitronengelbes Blatt aufgelegt. Mit dem feuchten Schwämmchen ließ sich die eine Farbnuance in die andere tupfenweise einziehen.

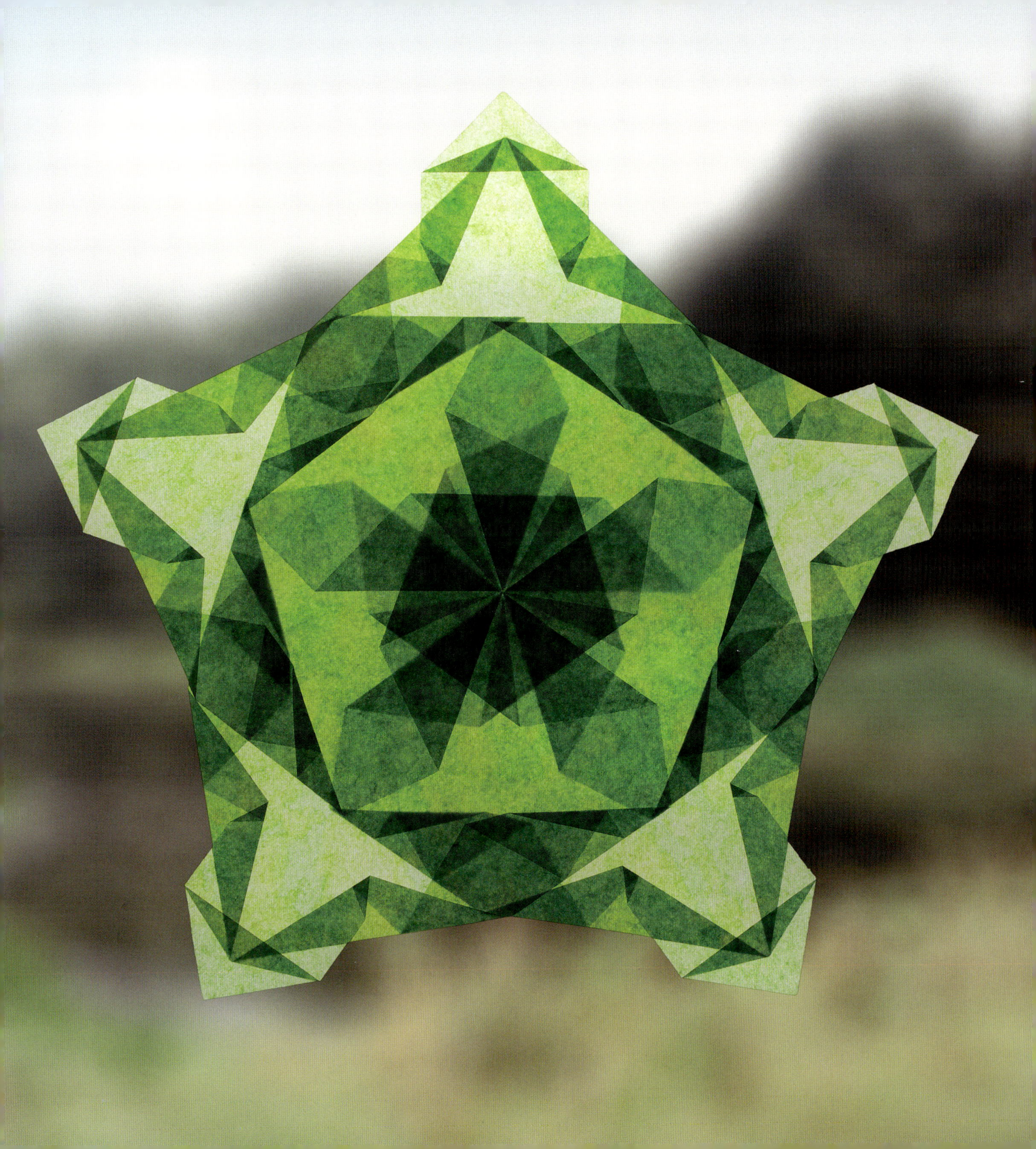

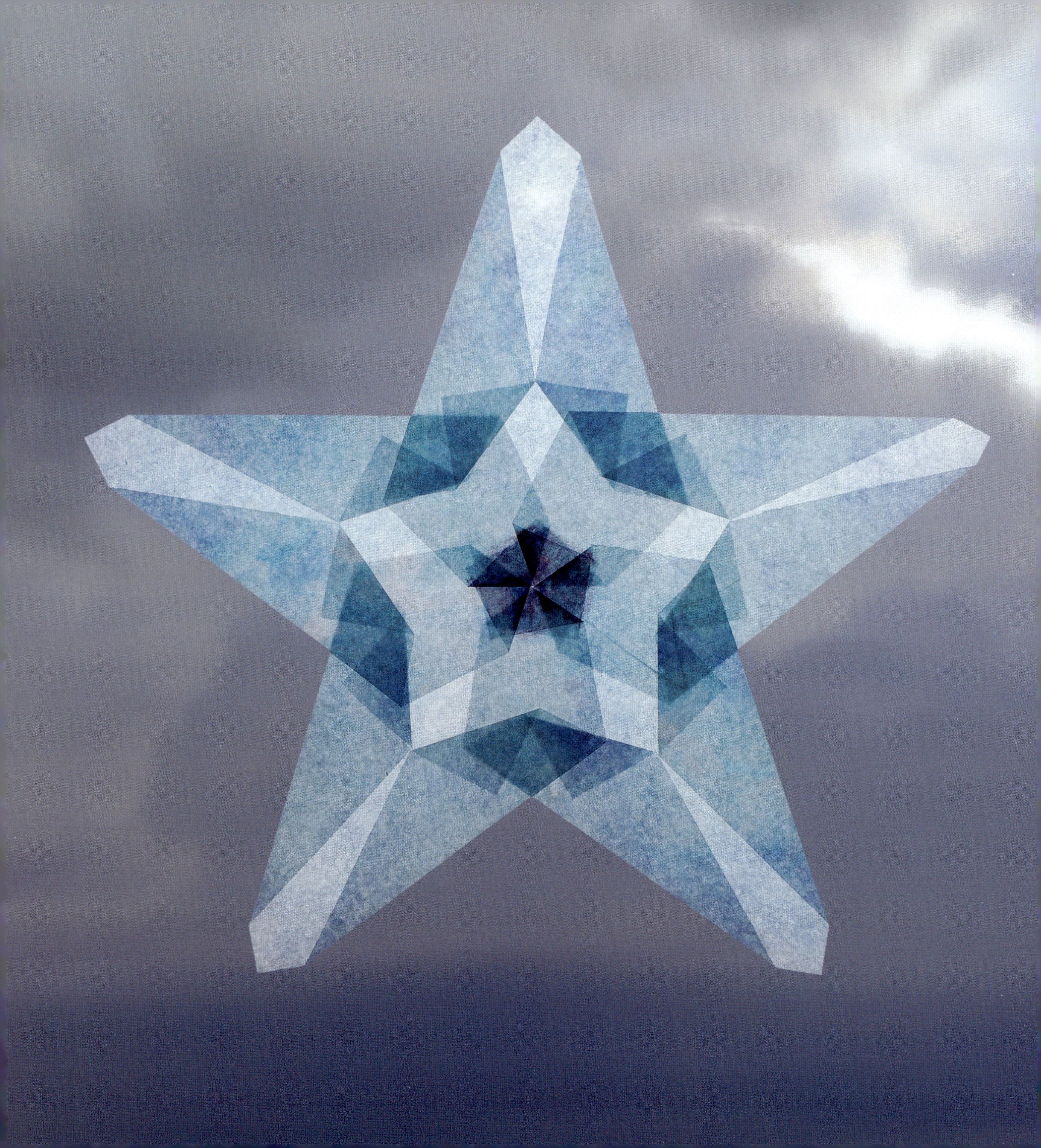

Sternblüte*

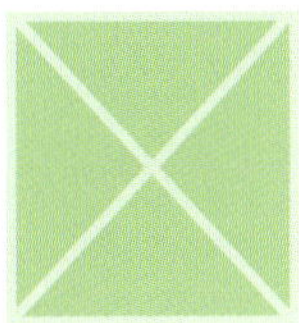

Fünfstrahlig
Ø 31 cm, Schnitt 1
Ø 21 cm, Schnitt 5
Ø 15 cm, Schnitt 2

Federleicht wie fliegende Apfelblüten im Frühlingswind – so werden diese Sternchen auch «fingerleicht» im Nu gefaltet.

Bilden Sie erst die Diagonalen der fünf quadratischen Schnitte recht deutlich.
Abb. 1: Greifen Sie wieder auf die Vorbereitungsfalte von «Leicht und luftig» (Zeichnungen 1 und 2, S. 43) zurück, wobei hier drei Ecken in dieser Weise gefaltet und geklebt werden.
Abb. 2: Die oberen Seitenecken werden zur Mitte geknickt und befestigt.
Schon können Sie mit dem Zusammensetzen auf dem fünfstrahligen Diagramm beginnen (siehe Grundanleitung, S. 25). Achten Sie darauf, dass die Mittellinien der fünf Schnitte ganz exakt am Zentrum (Z) zusammentreffen.

Das weiße Seidenpapier der Sternblüte wurde auf einem hellblauen Blatt mitgefärbt. Dadurch entstand eine zarte Marmorierung. Dann bekamen die Schnitte zusätzlich auf jeder (Z)-Ecke eine violette Aquarellfärbung.

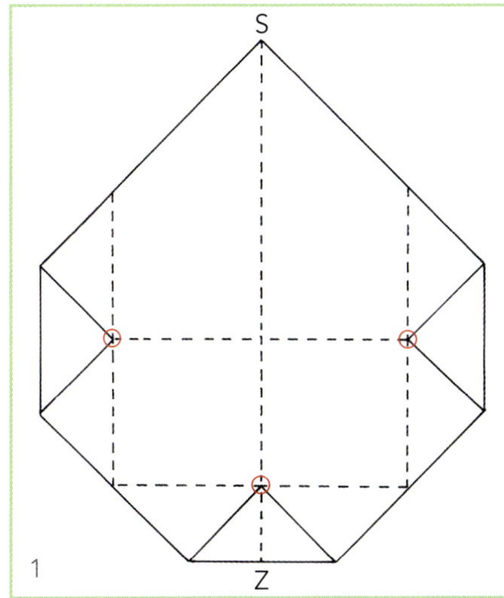

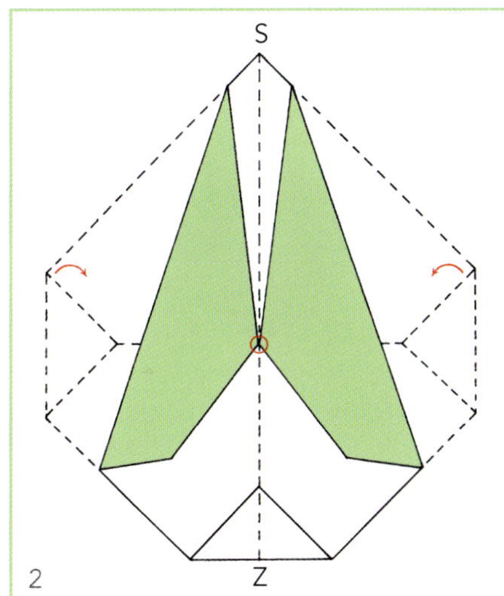

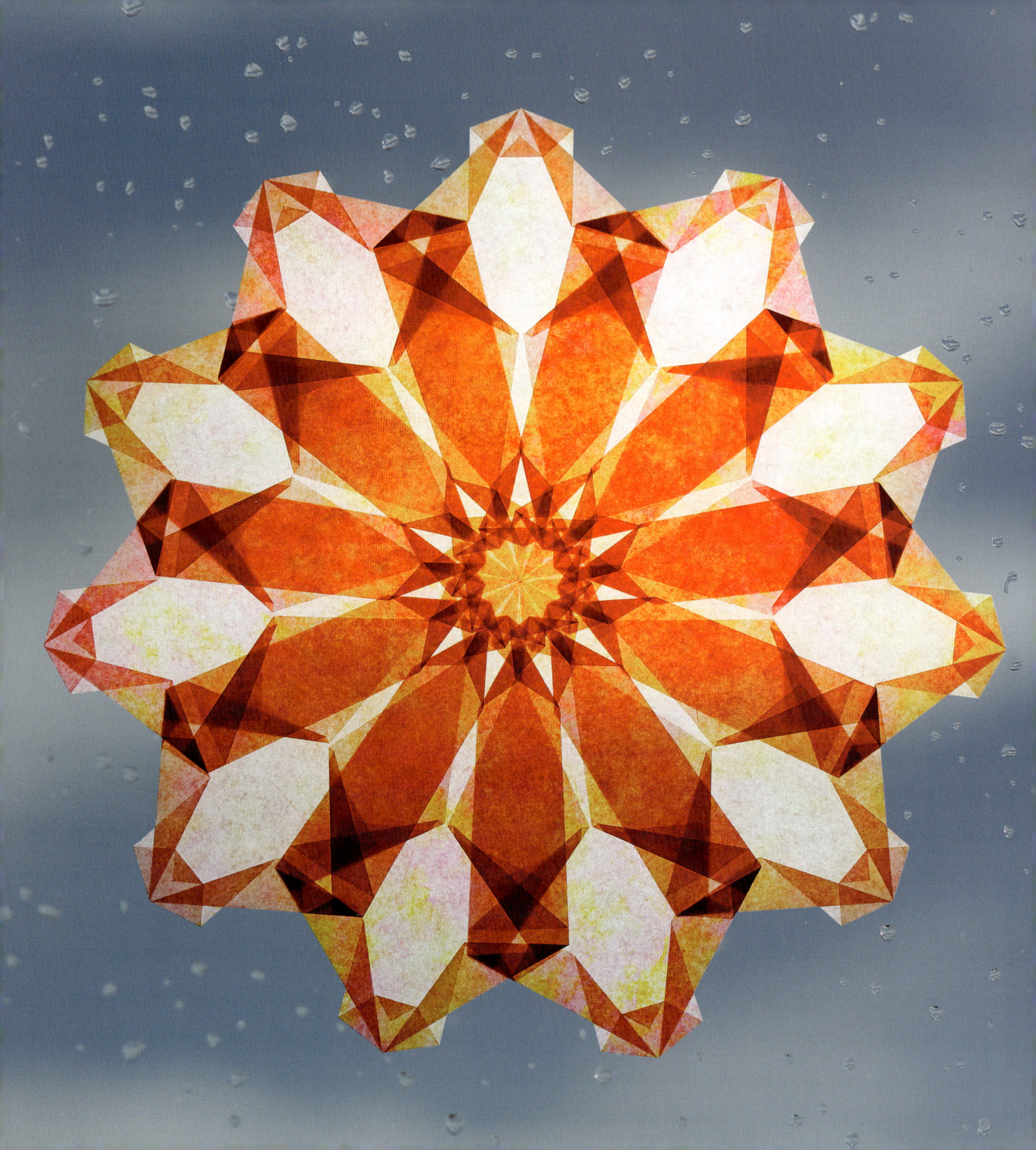

Sonnenmedaillon****

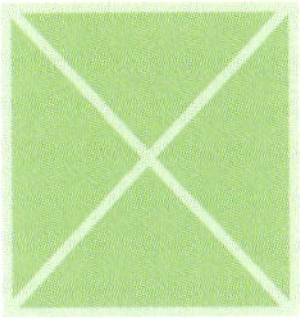

Elfstrahlig
Ø 37 cm, Schnitt 4
Ø 29 cm, Schnitt 1

Aus einer sehr außergewöhnlichen Anzahl von elf Strahlen bildet sich doch eine besonders harmonische Sonnenpracht. Längere Spitzen wechseln mit kurzen, kräftigen «Strahlenpfeilern». Ihre dynamischen Wechselwirkungen werden aber durch die zierliche Innenrosette in vollkommener Ruhe gehalten.

Nehmen Sie elf Schnitte, wie oben angegeben.
Dieses Transparent ist vom Faltansatz her die direkte Fortsetzung des vorigen Sterns. Bilden Sie erst die Diagonalen und die Vorbereitungsfalten (siehe «Leicht und luftig», Zeichnungen 1 und 2, S. 43). Dann greifen Sie auf die Zeichnungen 1 und 2 von «Sternblüte» (S. 57) zurück, *wobei Sie bei 1 das untere Eck nicht kleben und bei 2 die angezeigten Seitenflügel an der Mitte nicht ankleben!*
Sind Sie mit Ihren elf Schnitten so weit, kommt der kleine Kunstgriff: *Die Spitze wird zum Zentrum und umgekehrt!*
Nun können Sie mit den nachfolgenden Schritt-für-Schritt-Zeichnungen weiterfalten:

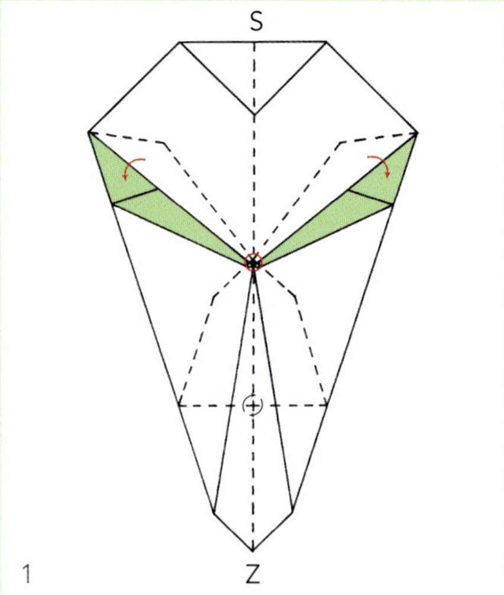

1

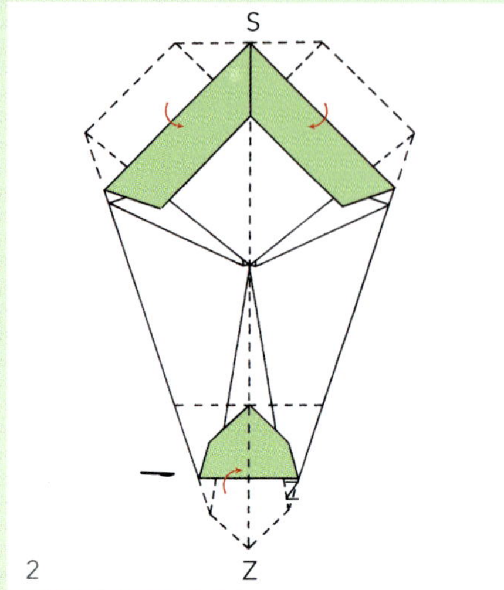

2

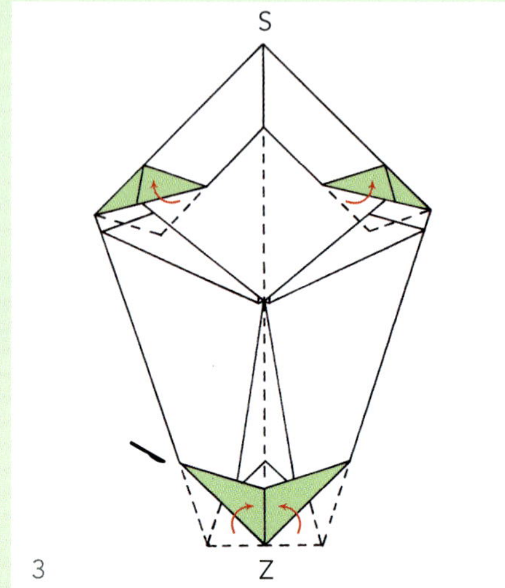

3

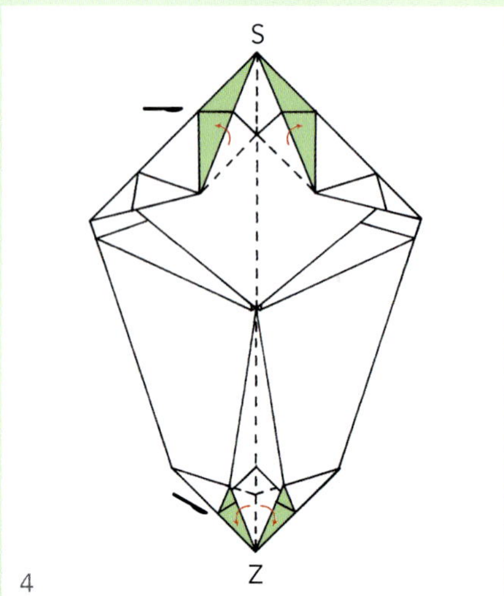

4

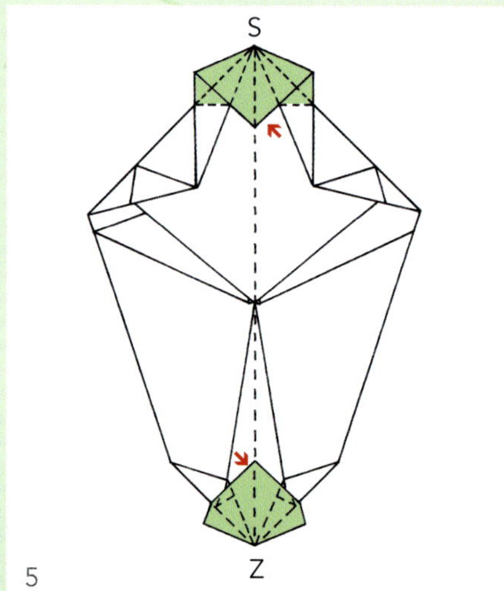

5

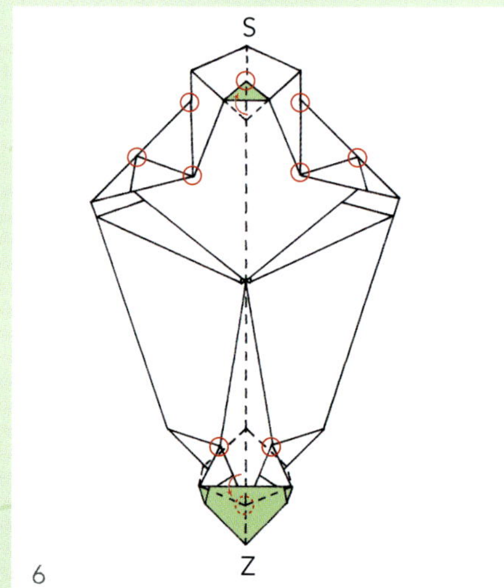

6

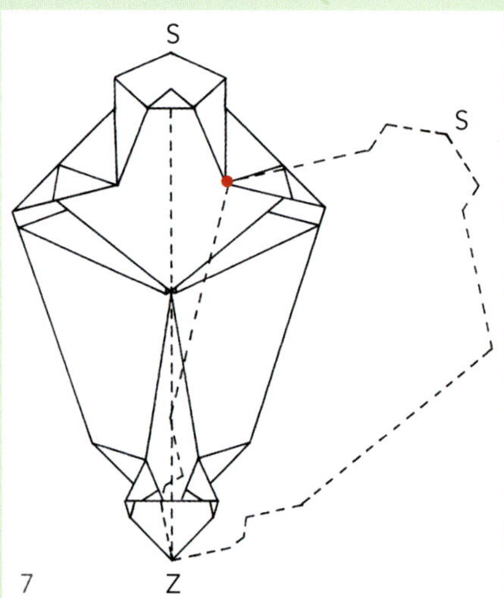

7

Abb. 1: Das Zentrum (Z) wird auf den Mittelpunkt gelegt und wieder geöffnet, um die Vorbereitungslinie zu bekommen. Knicken Sie dann die oberen Ecken der Flügel zurück. Erst jetzt bringen Sie den angezeigten Klebepunkt an.
Abb. 2 – 4: Nach den Zeichnungen entsprechend fortfahren. Bei Bedarf nehmen Sie den Messerrücken zum Glätten.
Abb. 5: Ziehen Sie leicht am losen (Z)-Eckchen, um die verdeckten Falten zu befreien. Achten Sie darauf, dass es beim Flachdrücken wieder richtig auf der Mittellinie sitzt.
Für die Spitze (S) gilt dasselbe Entfaltungsprinzip.
Abb. 6: Zum Schluss klappen Sie diese lose (Z)-Ecke zurück, um sie soweit wie möglich auszustrecken.

Ein exaktes Falten ist für das folgende Zusammensetzen des Transparents sehr wichtig! Denn die Mittellinie muss ganz geradlinig von der Spitze (S) bis zum Zentrum (Z) verlaufen.
Führen Sie die letzte Falte für die Spitze (S) aus und bringen Sie die wichtigen Klebepunkte an.
Abb. 7: Nun folgt das außergewöhnliche Zusammensetzen der elf Strahlen (siehe Grundanleitung, S. 26).
Die Zeichnung deutet das Anpassen zweier Schnitte an. Der wichtige Orientierungspunkt für die Schnittgröße 4 liegt circa 2 mm (wenn das Papier naturbelassen ist, nur 1 mm) vom rechten inneren Winkel der Spitze (S) entfernt. Für den Schnitt 1 liegt er nur 1 mm davon entfernt. Bringen Sie wenige Klebepunkte an das Zentrum (Z) an, weil es ungefaltet ist.

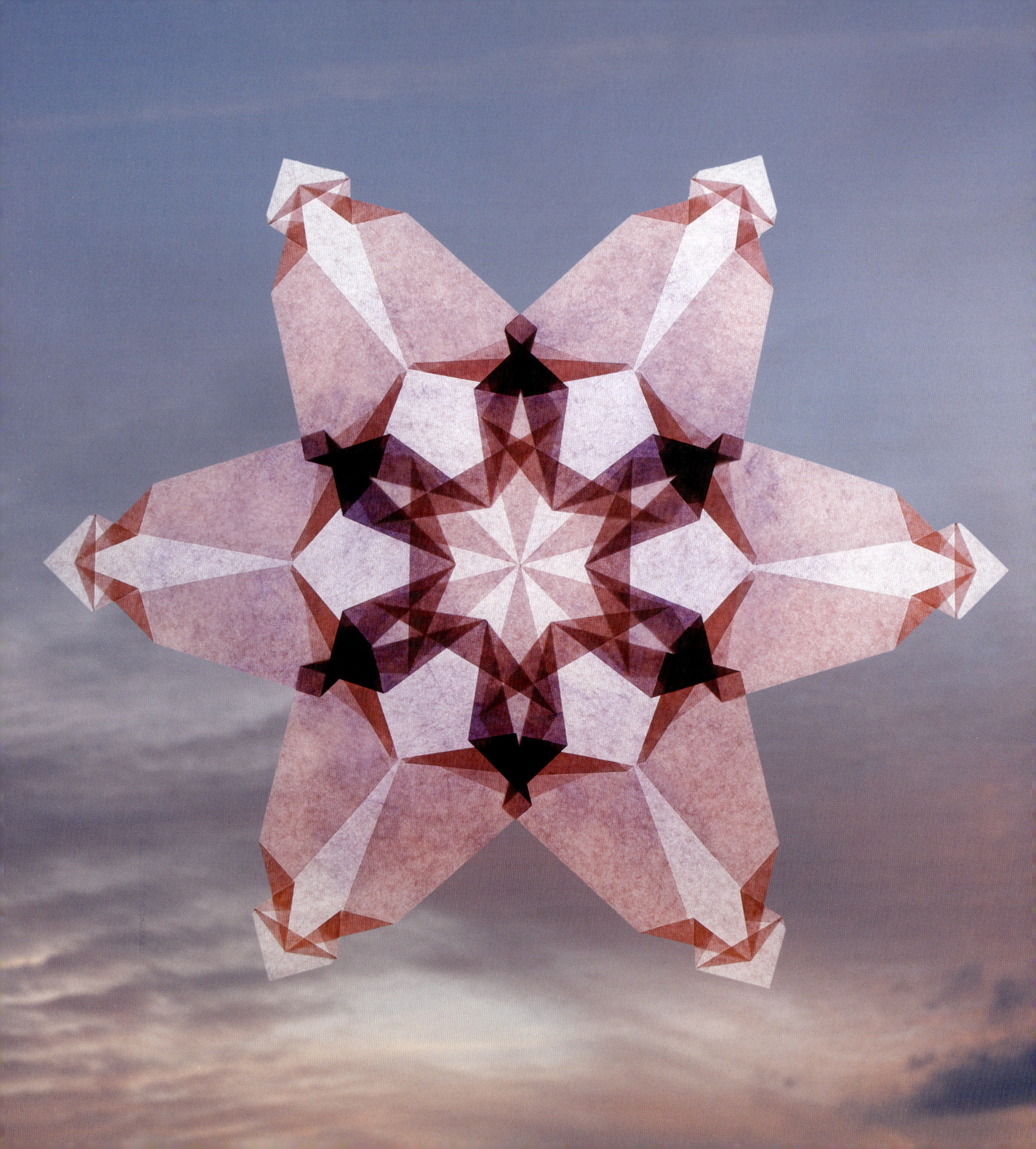

Eisblume ****

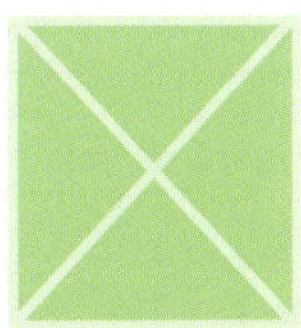

Sechsstrahlig
Ø 37 cm, Schnitt 4
Ø 29 cm, Schnitt 1

Von seiner Falttechnik her hat dieser Kristall eine enge Verwandtschaft mit dem «Sonnenmedaillon». Durch seine kühle und klare Ausstrahlung fühlen wir uns aber in eine ruhige Winterstimmung versetzt.

Abb. 1 – 3: Nachdem Sie beide Diagonalen für die sechs angegebenen Schnitte gebildet haben, falten Sie schrittweise nach den Zeichnungen weiter.

Um diese herrliche Malvenfarbstimmung für den Kristall zu bekommen, wurde von einem hellrosa Seidenpapierblatt ausgegangen. Dieses wurde dann tupfenweise von seinem mittleren Umkreis aus mit einem Dunkellila stufenweise bis zum Blattzentrum hin aufgehellt.

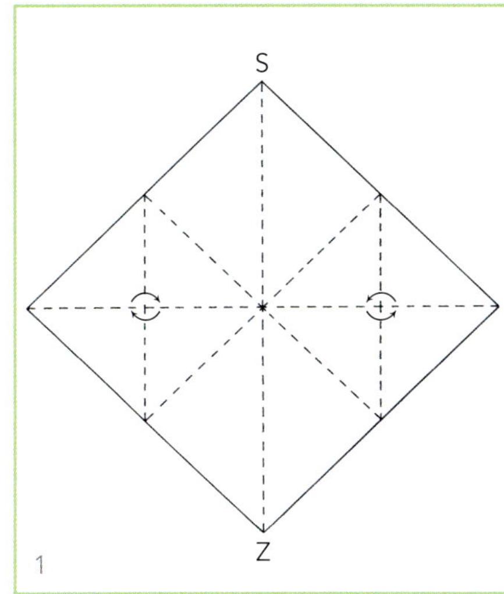

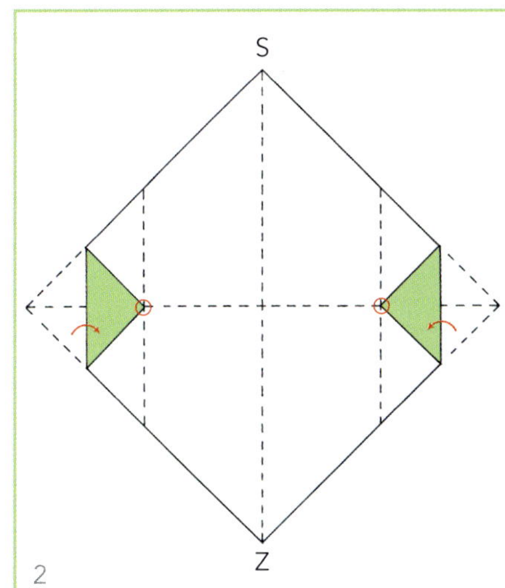

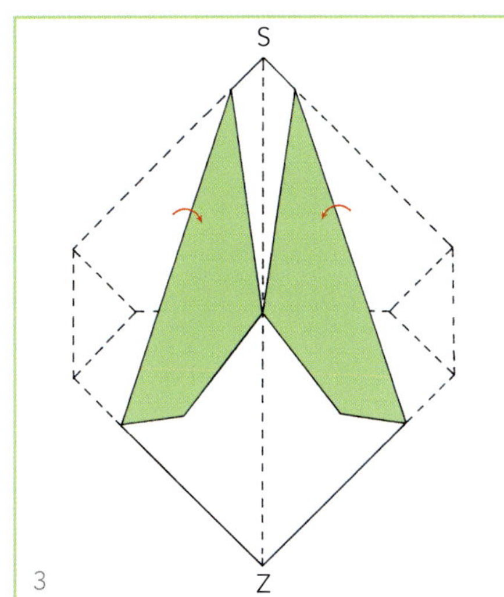

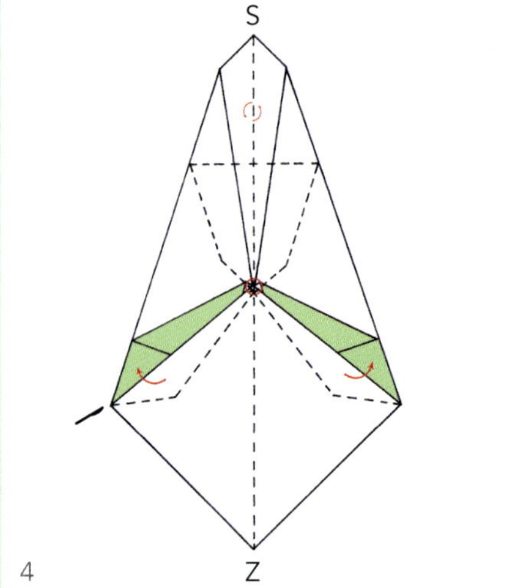

4

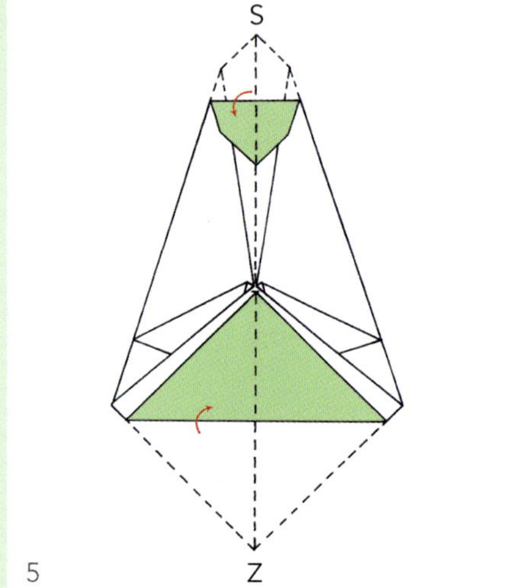

5

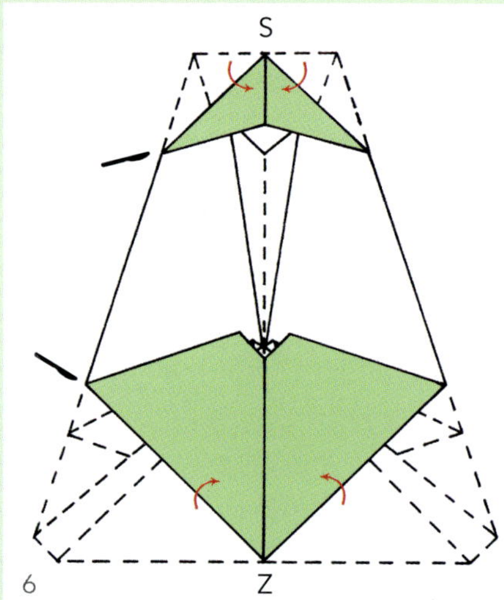

6

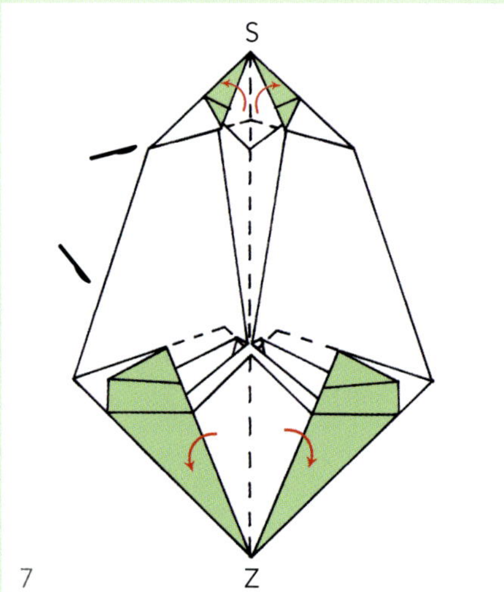

7

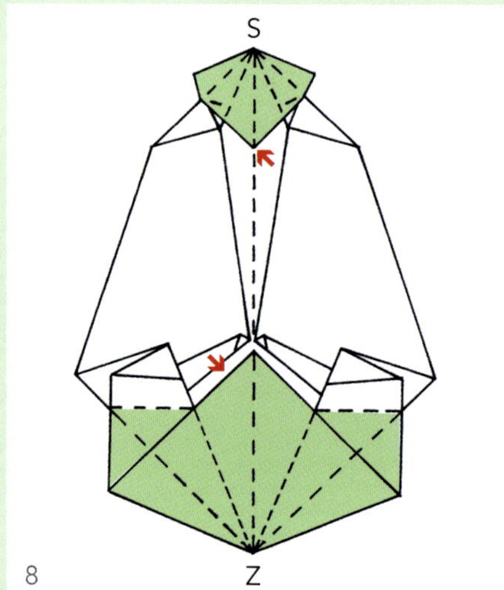

8

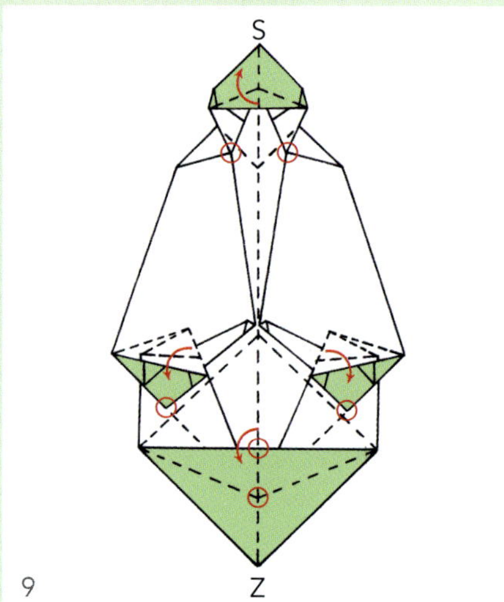

9

Abb. 4: Die Spitze (S) wird auf den Mittelpunkt gelegt und wieder geöffnet, um die Vorbereitungslinie zu bekommen. Knicken Sie dann die unteren Ecken der Flügel zurück. Erst jetzt bringen Sie den angezeigten Klebepunkt an.

Abb. 5 – 7: Fahren Sie nach den Zeichnungen fort. Glätten Sie die Falten bei Bedarf mit dem Messerrücken.

Abb. 8: Ziehen Sie leicht an der losen (Z)-Ecke, um die verdeckten Falten zu befreien. Beim Glätten dieser Falten muss der (Z)-Winkel auf die Mittellinie ganz exakt sein. Für die Spitze (S) wird auch so verfahren.

Abb. 9: Zum Schluss klappen Sie die losen Ecken vom Zentrum (Z) sowie von der Spitze (S) zurück, um diese so weit wie möglich auszustrecken. Die Mittellinie muss ganz geradlinig hindurchlaufen.

Führen Sie die letzten Falten vom Mittelbereich aus. Jetzt geben Sie dem fertigen Schnitt die nötige Fertigkeit, indem Sie alle wichtigen Klebepunkte anbringen.

Für das Zusammensetzen der sechs Schnitte verwenden Sie das sechsstrahlige Diagramm (siehe Grundanleitung, S. 25).

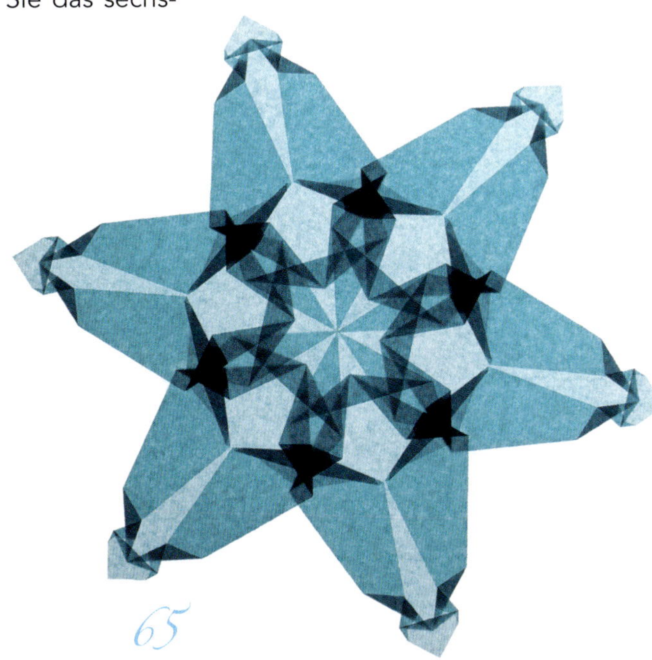

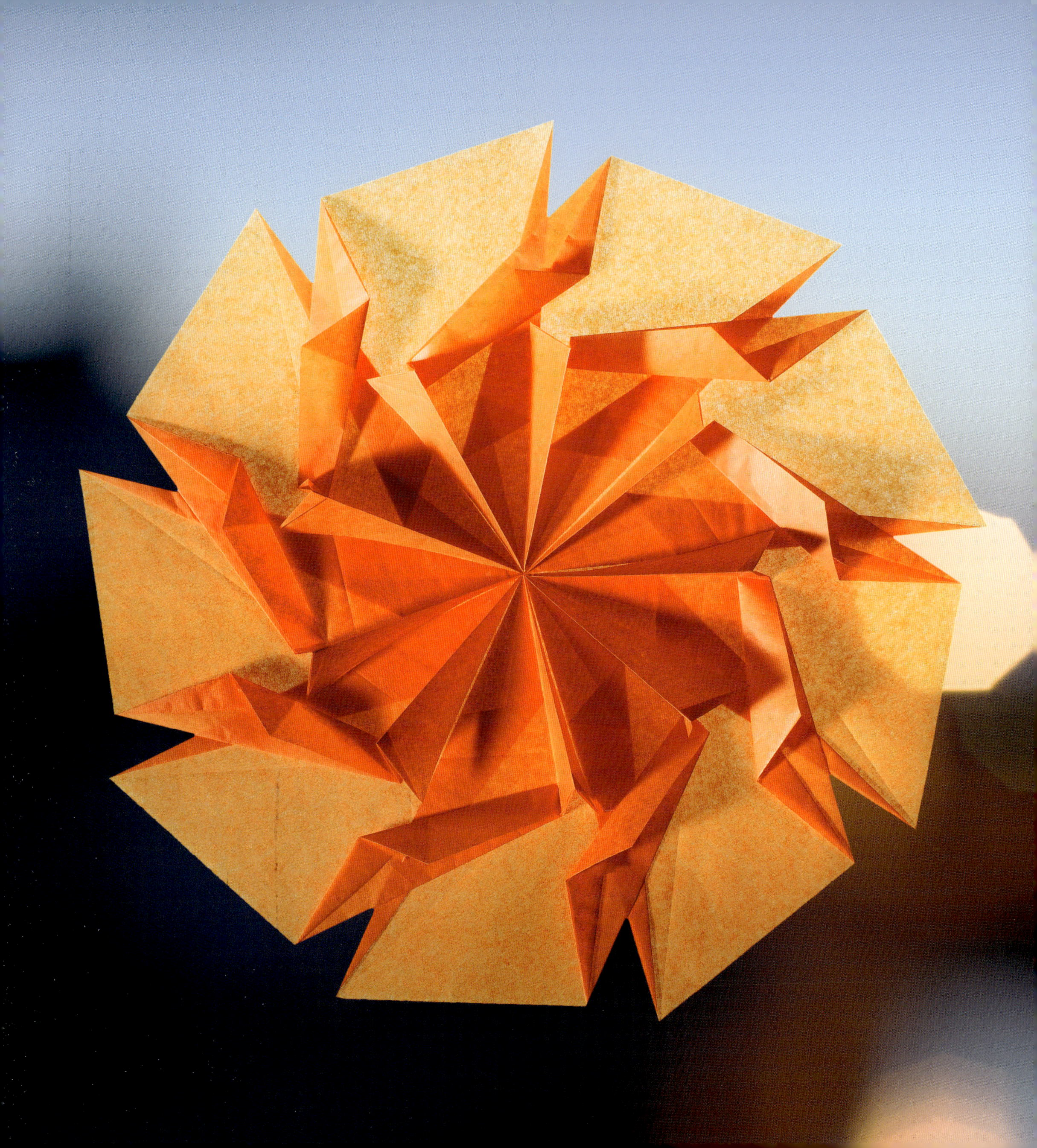

Warme Bewegung***

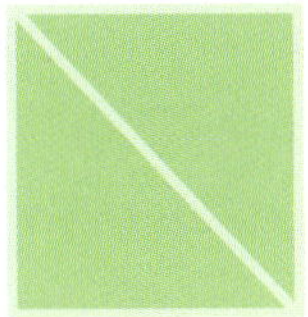

Neunstrahlig
Ø 37 cm, Schnitt 4
Ø 27,5 cm, Schnitt 1
Ø 18,5 cm, Schnitt 5

Wie eine ewig reisende Wärmekugel durch eine Sommerbrise ziehen diese flackernden Sonnenflammen aus Seidenpapier! Die freien luftigen Faltungen dieser neun Schnitte erheben ihre kreisende Bewegung zur dreidimensionalen Vollendung.

Bilden Sie dieses Mal nur *eine* Diagonale für die neun Schnitte. Dann beginnen Sie mit den Schritt-für-Schritt-Anleitungen.
Abb. 1 – 4: Falten Sie nach den folgenden Zeichnungen. Der Messerrücken ist *stets* hilfreich, um exakte Faltungen auszuführen.

Das Seidenpapier dieser orangefarbenen Sonne hat seine Naturfarbe beibehalten.

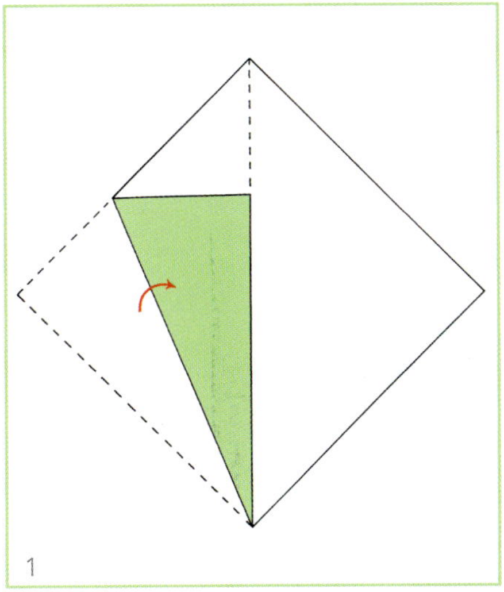

1

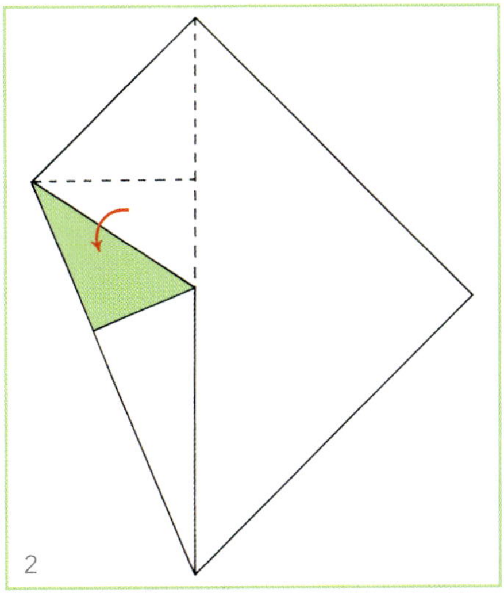

2

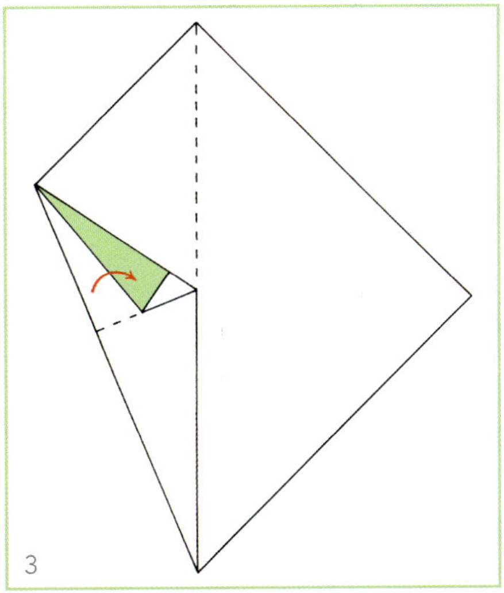

3

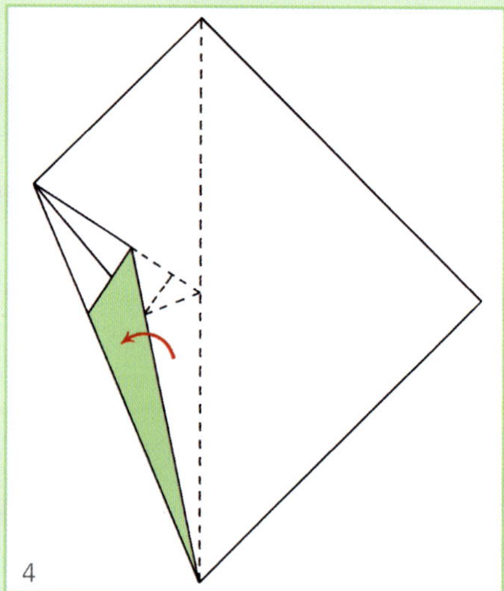
4

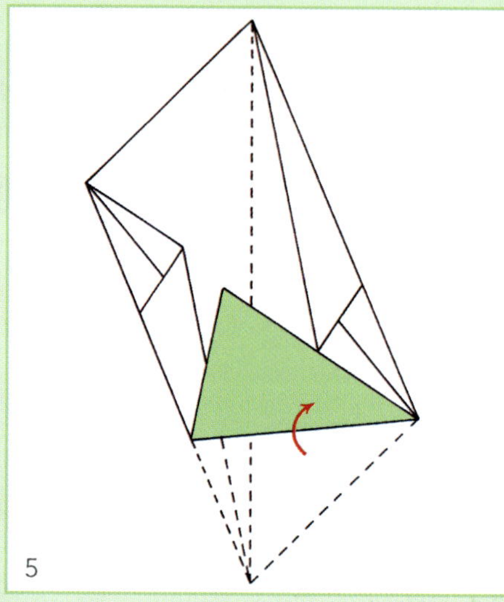
5

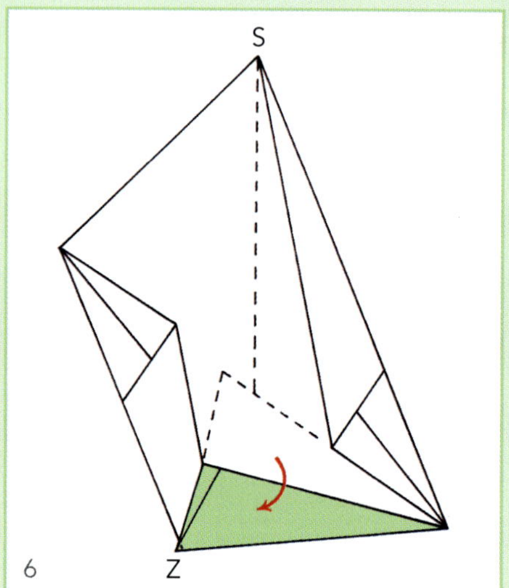

6

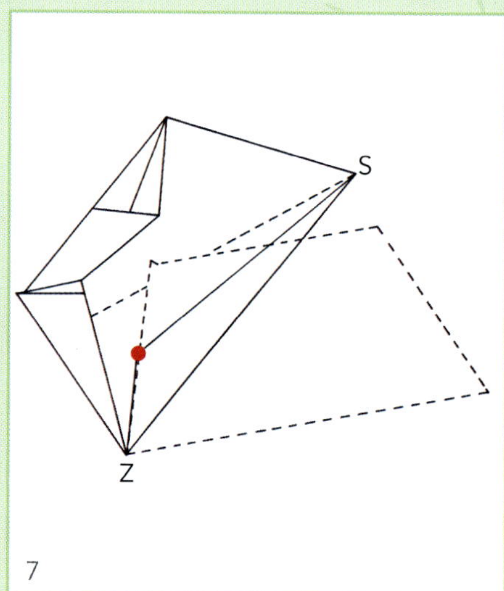

7

Abb. 5: *Für den entgegengesetzten oberen Winkel der zweiten Schnitthälfte werden spiegelbildlich dieselben Faltungen 1 bis 4 ausgeführt.* Anschließend legen Sie die untere rechte Kante an die innere.

Abb. 6: Weiter nach der Zeichnung. Der Schnitt ist somit fertig. Um den dreidimensionalen Aspekt betonen zu können, werden in diesem Fall *gar keine* Klebepunkte angebracht. *Der rechte Winkel wird zum Zentrum (Z).*

Abb. 7: Beim Zusammensetzen dieser neun Schnitte wird die linke Kante des zweiten Schnitts ganz nah an die rechte innere Kante des ersten geklebt. Das heißt, Sie müssen einen winzigen Abstand zwischen diesen Kanten lassen: 2 mm für den Schnitt 4 und 1 mm für die Schnitte 1 und 5. *Achten Sie sehr darauf, dass die lose Falte am Zentrum auf keinen Fall mitgeklebt wird.*

Die Zeichnung zeigt das Anpassen zweier fertiger Schnitte.

Um die Bewegung nicht nur in ihrer Form, sondern auch durch die Farbe zu unterstützen, sind hier die Schnitte in verschiedenen Gelbtönen und in Weiß zusammengesetzt.

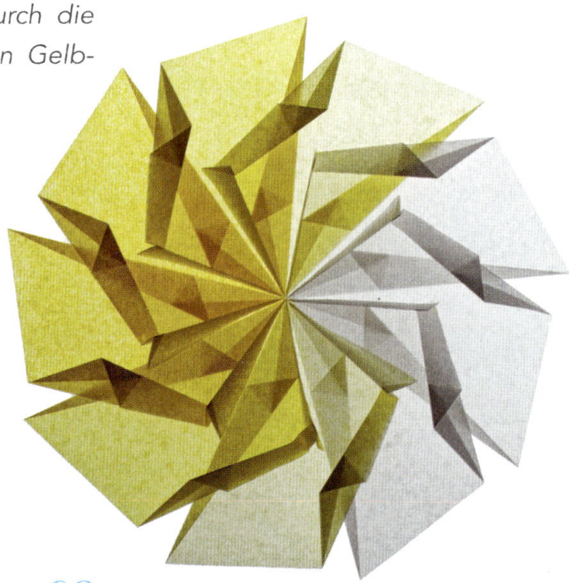

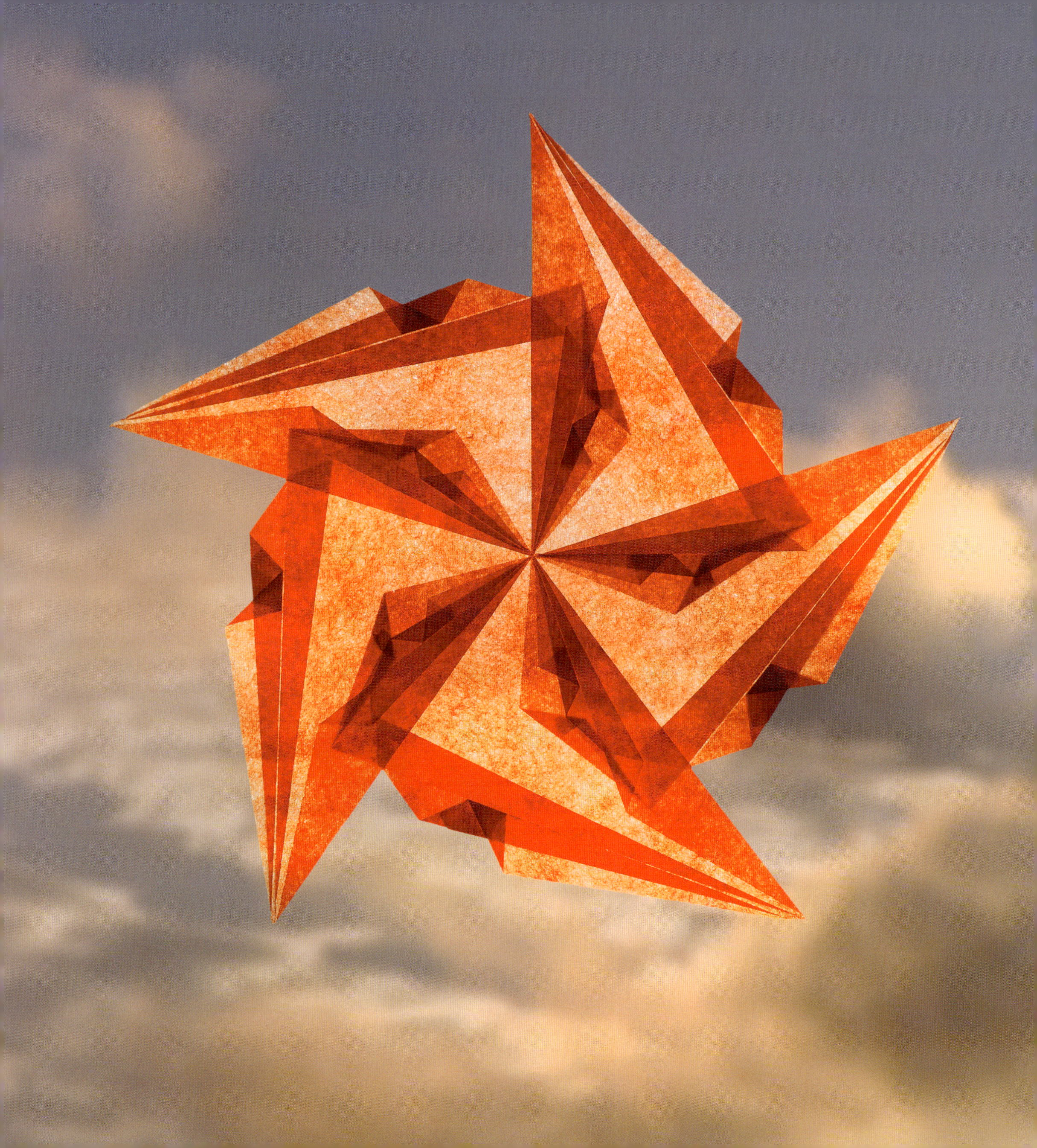

Spitzenflug **

Fünfstrahlig
Ø 24,5 cm, Schnitt 1
Ø 18 cm, Schnitt 5

Zierliche Sternspitzen wie glitzernde Edelsteine sind himmelwärts am Fenster erschienen!
Besonders dekorativ sind die dreidimensionalen Falten, wenn Sie den Wunsch haben, diese ungeklebt zu lassen.

Abb. 1 – 7: Bilden Sie für die angezeigten fünf Schnitte eine einzige Diagonale. Falten Sie dann nach den Zeichnungen weiter. Wegen der spitz zulaufenden Kanten empfiehlt es sich, den Messerrücken kontinuierlich zu gebrauchen. Die Durchführung vom kleinen Sternformat erfordert auch von daher mehr Fingerspitzengefühl.

Hier wurde das karminrote Seidenpapierblatt vor dem Zuschneiden leicht entfärbt.

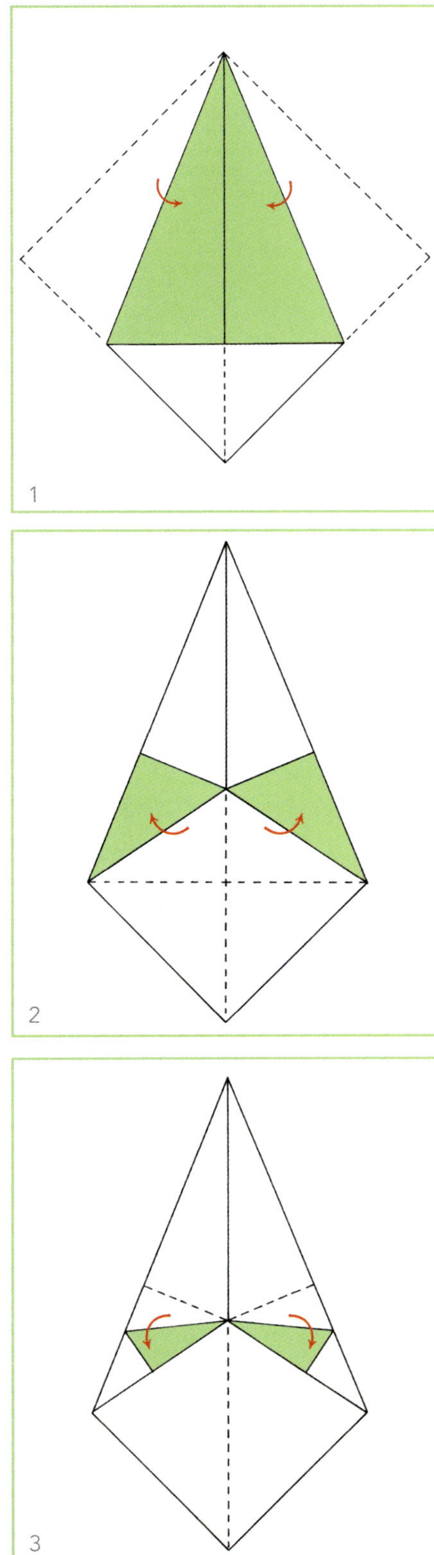

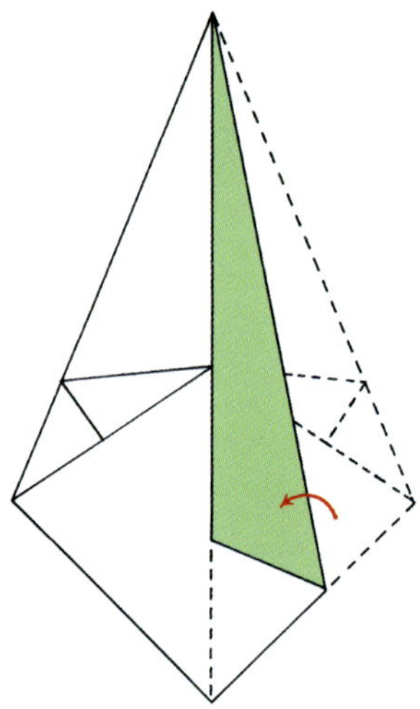

4

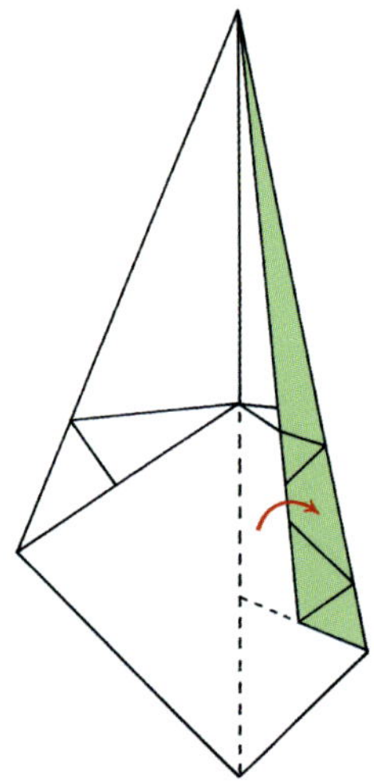

5

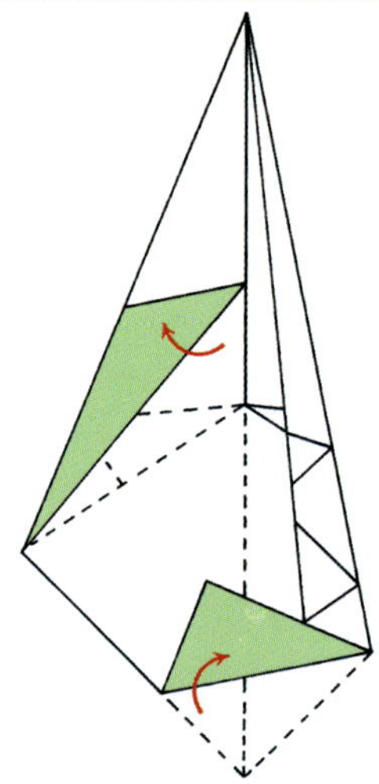

6

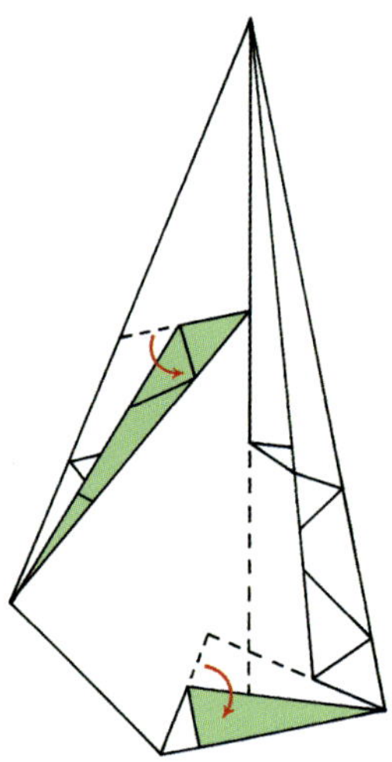

7

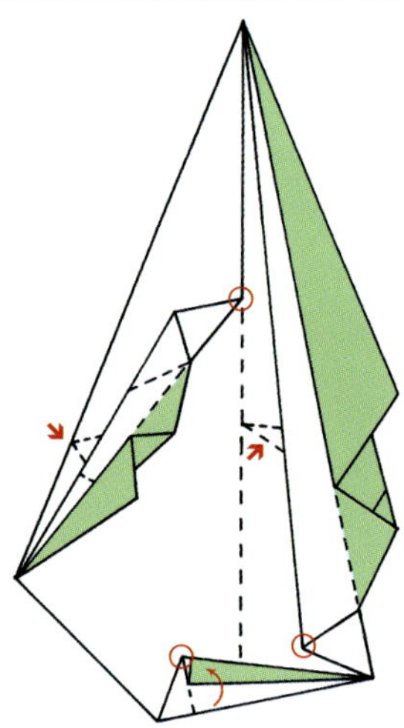

8

Abb. 8: Die untere Falte wird fertig gemacht. Nun ziehen Sie die mittlere Ecke langsam heraus, um die rechte Schnittseite nach außen entfalten zu können. Tun Sie dasselbe auf der anderen Schnittseite, um dieses Mal eine entsprechende Faltung nach innen offen zu legen. Danach die drei angegebenen Klebepunkte anbringen. *Der linke Winkel wird zum Zentrum (Z)* .
Anschließend fügen Sie Ihre fünf Schnitte mithilfe des fünfstrahligen Diagramms zusammen, wobei ausnahmsweise die linke Schnittkante als Mittellinie dient (siehe Grundanleitung, S. 25).

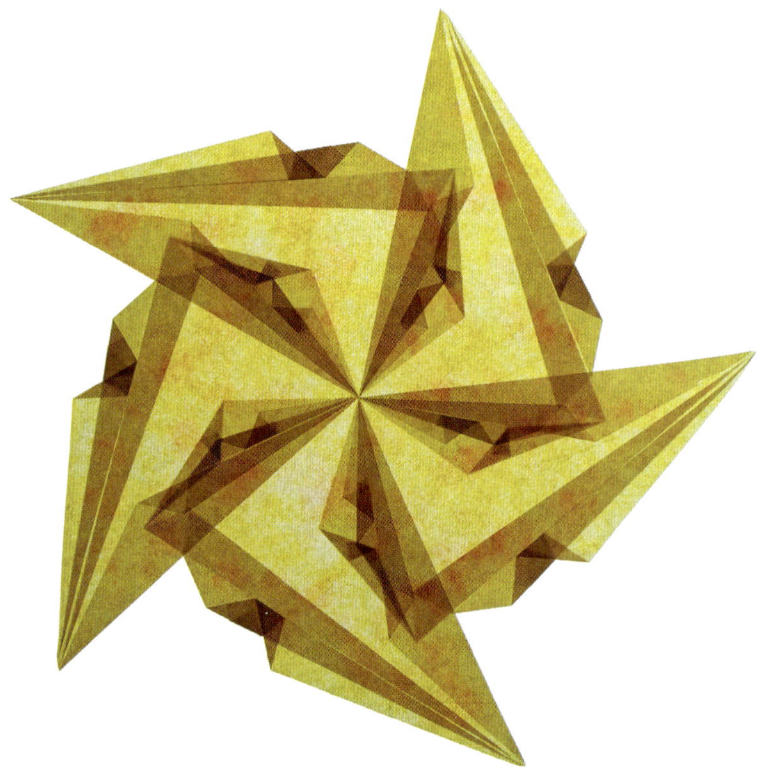

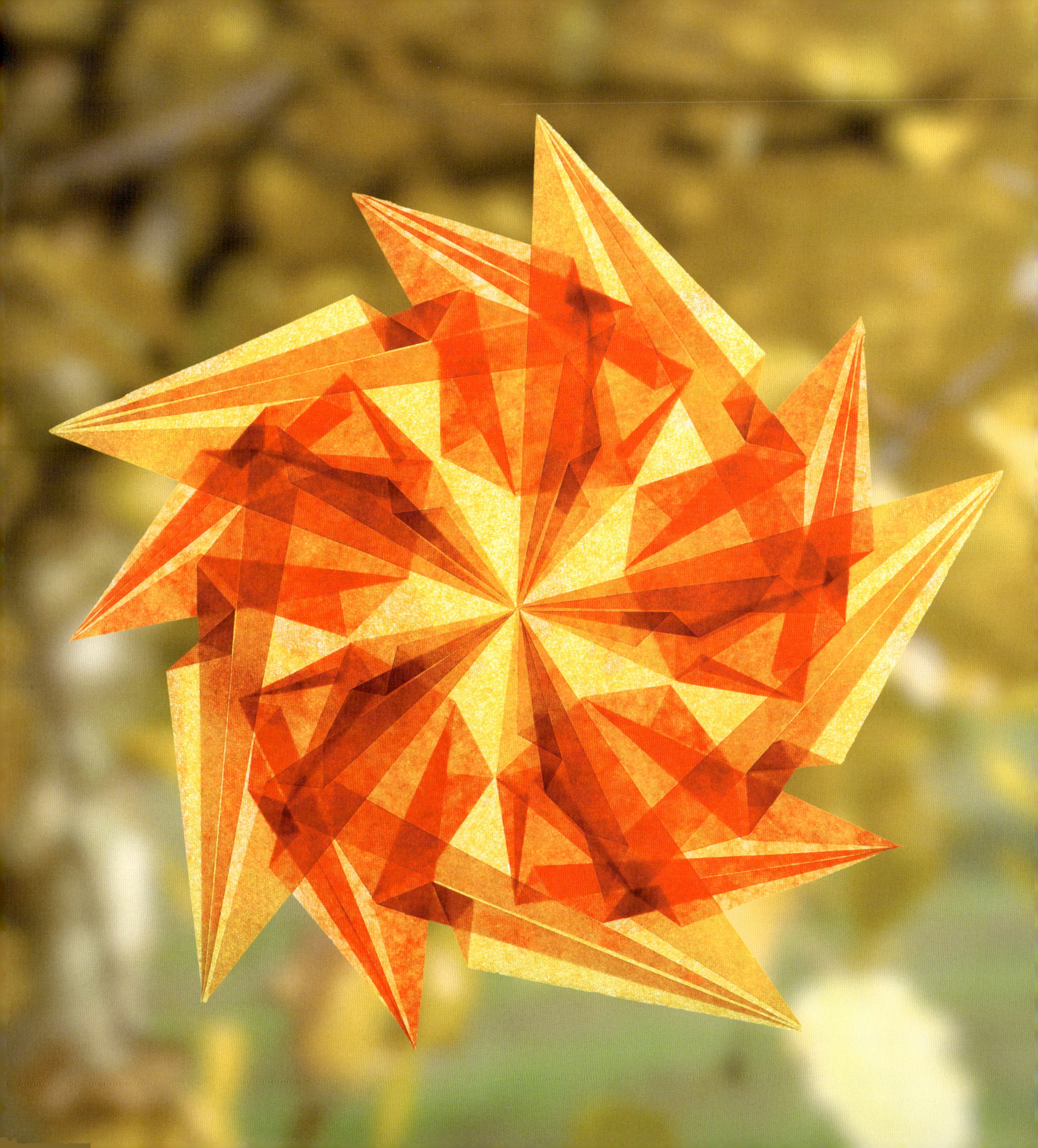

Stern in der Sonne***

Fünfstrahlig
Ø 36 cm, Schnitt 4 und Schnitt 1
Ø 26 cm, Schnitt 1 und Schnitt 5

In der Mitte eines zweifarbigen Strahlenbündels entsteht mit teils verschwommenen, teils aufgelösten Konturen ein Fünfstern. Seine Ruhe wird als Polarität zu dem bewegten Spitzenwirbel immer deutlicher.

Dieses dynamische Transparent entspricht einer Montage zweier verschieden großer Schnitte von «Spitzenflug» (S. 71). Hier bietet sich natürlich die Möglichkeit an, mit zwei harmonierenden Farben eine kontrastreiche Strahlenwirkung zu erzielen. Improvisieren Sie mit kälteren Farbtönen wie Rosa, Blau bis Lila oder mit warmen, leuchtenden Farben wie Gelb, Orange bis Rot.
Falten Sie fünf größere und fünf kleinere Schnitte (nach obiger Angabe) ganz genau, wie in Abb. 1 – 7 sowie nur die untere Falte der Abb. 8 von «Spitzenflug» (S. 73). *Aber dann entfalten Sie nur die fünf größeren Schnitte nach Abb. 8.*

Dieses feurige Strahlenbündel entstand durch eine zarte Entfärbung zweier aufeinandergelegter Seidenpapierlagen, bestehend aus Indischgelb und Dunkelorange.

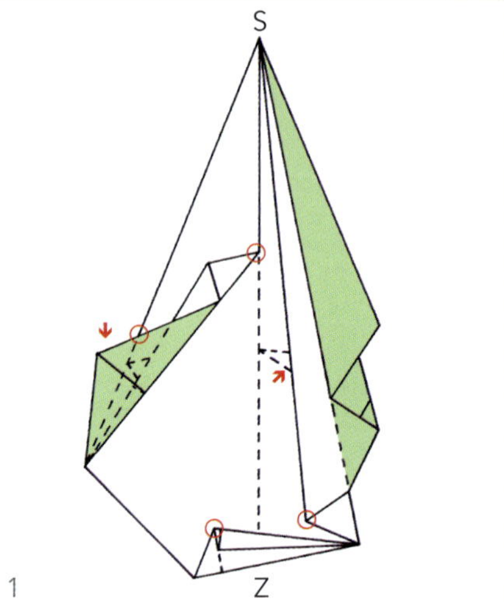

1

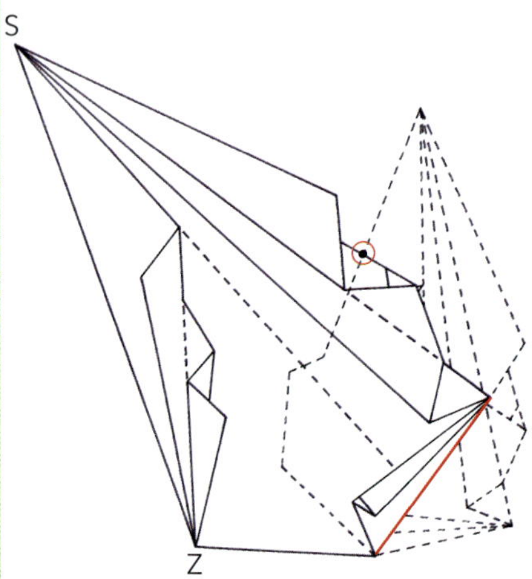

2

Abb. 1: Zu den fünf kleineren Strahlen kommt eine extra Variante nur bei der Entfaltung der linken Seite, wie die Zeichnung es verdeutlicht. Die rechte und die untere Falte bleiben unverändert. Bringen Sie die vier Klebepunkte an.

Abb. 2: Vor dem Gesamtaufbau werden erst die fertigen Schnitte paarweise aneinandergeklebt. Der große Schnitt wird wie folgt mit einem Klebestrich auf dem kleinen befestigt: zuerst ihre beiden Basisecken aufeinandersetzen, dann die rechte Ecke des großen auf die entfaltete rechte Seitenkante des kleinen legen.

Den zusätzlichen Klebepunkt (O) anbringen.

Die Zeichnung zeigt diese paarweise Zusammenstellung sehr präzise. Zum Schluss kleben Sie alle Schnittpaare zusammen, und wie bei Spitzenflug (S. 73) dient die linke Schnittkante als Mittellinie (siehe Grundanleitung, S. 25).

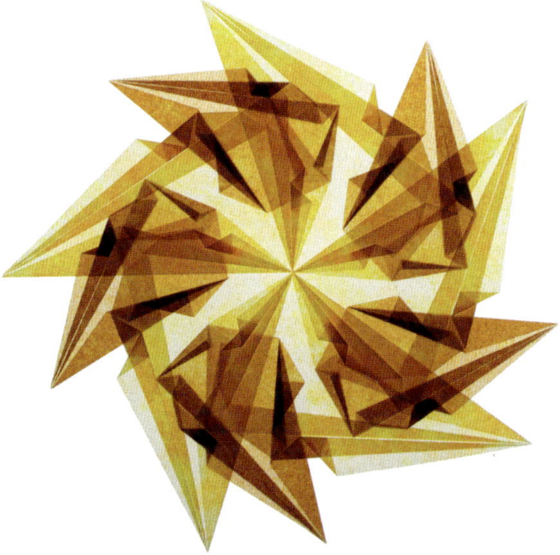

Tannenhain ***

40 cm Länge,
Schnitt 4 und Schnitt 1

Ein Tannenhain aus verschiedenen Grün- und Blautönen gekleidet. Es sind dieselben gefalteten Schnitte wie bei den zwei vorigen Transparenten, aber wiederum anders zusammengestellt, die jetzt den erfrischenden Ruf des Waldes bis ins Haus hineintragen.

Sie finden hier den gleichen Faltvorgang wie in «Spitzenflug» (S. 71) wieder. Dabei wird durch diese Anordnung die eigentliche Gestalt der Schnitte erkennbar.
Nehmen Sie drei Vierecke vom Schnitt 4 und vier kleinere vom Schnitt 1. Beachten Sie sämtliche Anleitungen der Zeichnungen 1 bis 8 von «Spitzenflug» (S. 71f.), wobei *drei kleine Schnitte keine Entfaltung der rechten Seite* brauchen. Nur diese drei Schnittseiten werden so belassen wie bei Zeichnung 7, weil sie als Stützen für das nachfolgende Zusammensetzen dienen werden. Dazu bleiben alle linken Schnittseiten wie bei Zeichnung 7 geschlossen.
Kleben Sie zunächst die drei gleichen Tannenpaare, wie die Zeichnung es für das erste Paar (siehe S. 78, links) zeigt: Die Spitze der kleinen Tanne wird unter die freie Falte der großen unten durchgeführt und an seiner rot markierte Außenkante befestigt.

Kleben Sie dann zwei montierte Schnittpaare aneinander und, der Reihe nach, den kleinen Schnitt sowie das letzte Tannenpaar daran. Die Zeichnung zeigt die wichtigen Klebstellen für die Anreihung der sieben fertigen Schnitte.

Festigen Sie auf der Rückseite den gesamten Aufbau. Zum Schluss können Sie die restlichen freien Faltungen nach Wunsch etwas dreidimensional entfalten. Diese «Akkordeonfalten» können Sie aber auch variabel öffnen oder zukleben, um weitere optische Effekte zu erzielen. So entstehen auch beim Betrachten interessante Perspektiven, sowohl durch das Farbenspiel als auch durch die Verhältnisse der Tannengestalten untereinander.

Die Komposition von unterschiedlichen Blau- und Grüntönen suggeriert am besten das spielende Sonnenlicht in einem ruhigen Tannenhain.

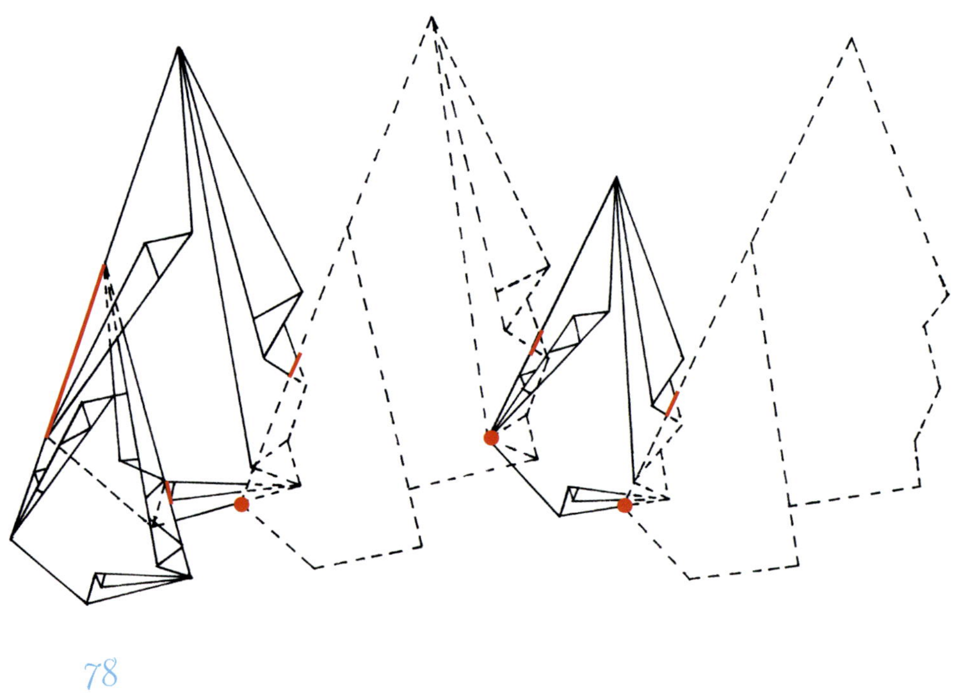

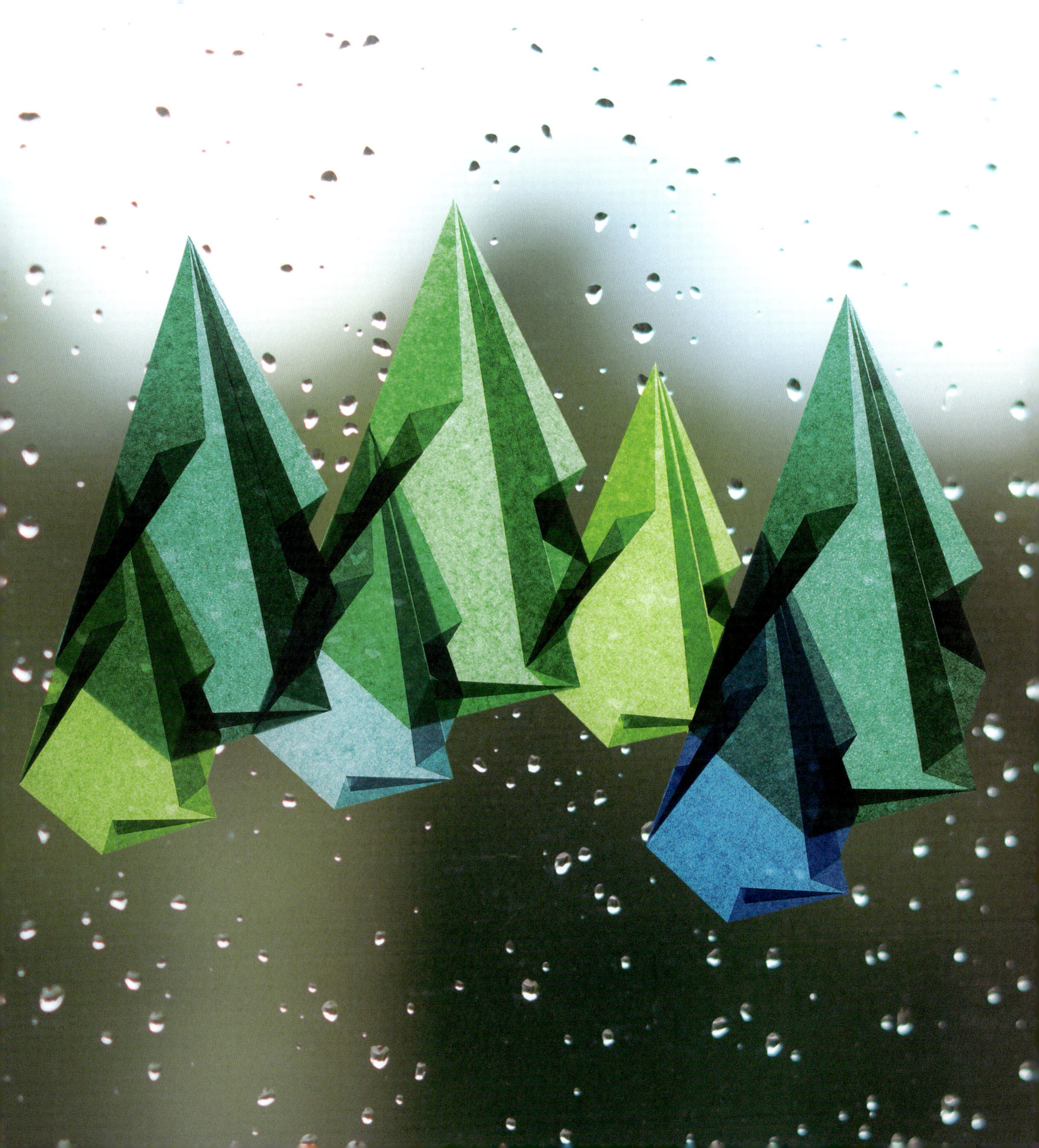

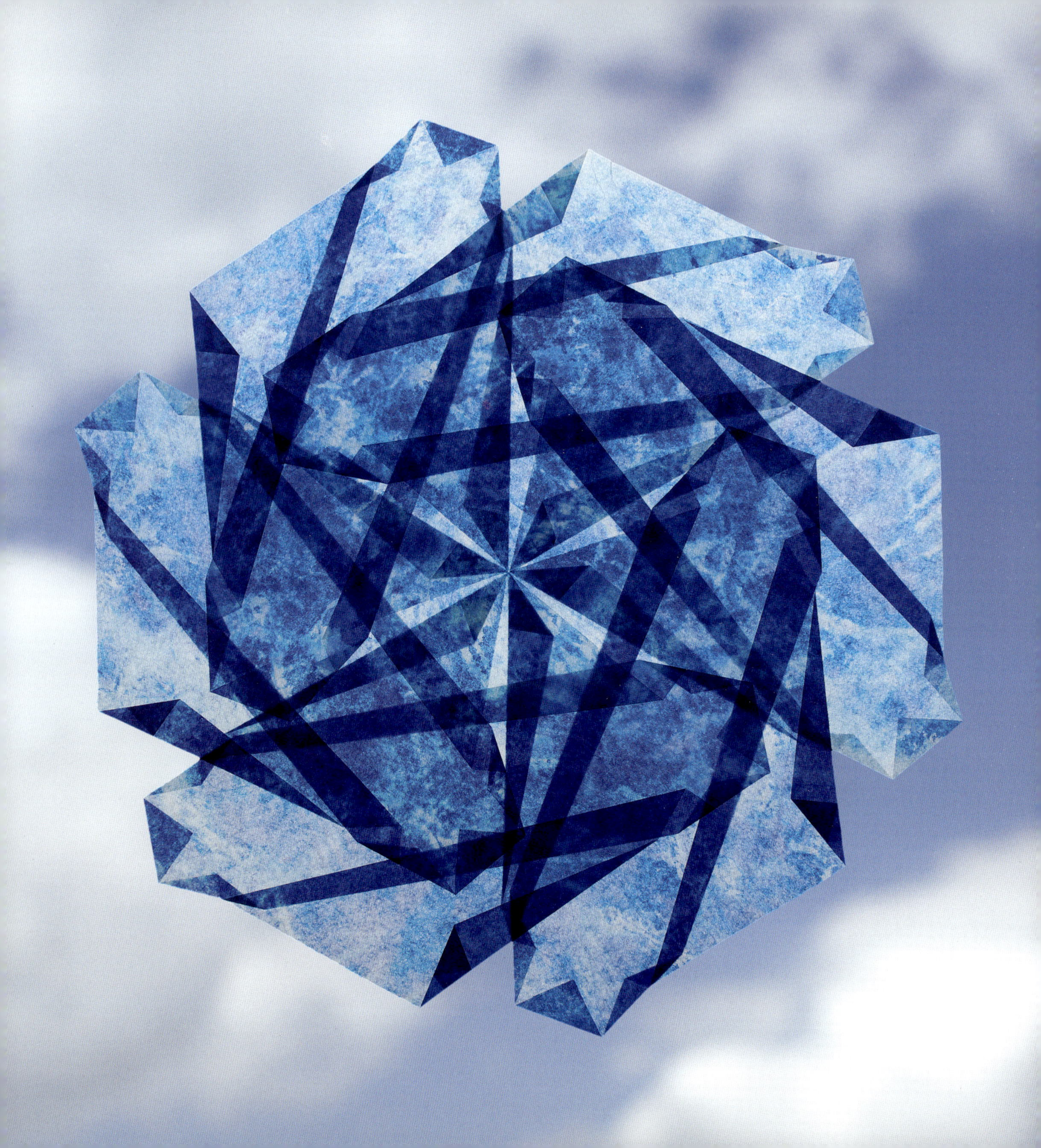

Turmalin ****

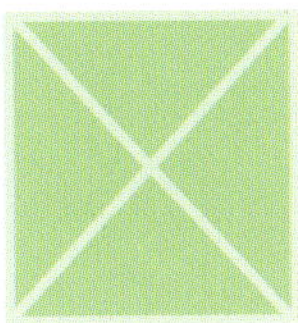

Sechsstrahlig
Ø 33 cm, Schnitt 4
Ø 24 cm, Schnitt 1

Durch das Spiel der Dreieckssplitter erinnert dieses erstaunliche Transparent an einen Turmalinquerschnitt. Mittendrin hat sich ein sechsstrahliger Stern aus Licht und Schatten hineinkristallisiert – im Edelstein ein Edelstern!

Abb. 1 – 3: Bilden Sie beide Diagonalen für die sechs Schnitte und fangen Sie nach den Zeichnungen mit einer Seite an. Helfen Sie sich dabei *stets mit dem Messerrücken.* So verhindern Sie jegliches Verrutschen der unteren Falte. *Gestalten Sie dann die andere Schnitthälfte genauso.*

Für dieses Transparent wurde ein weißes Seidenpapier erst auf einem hellblauen und dann auf einem dunkleren blauen Seidenpapier gefärbt. Danach wurden die Flecken mit einem Schwämmchen stark ausgeglichen.

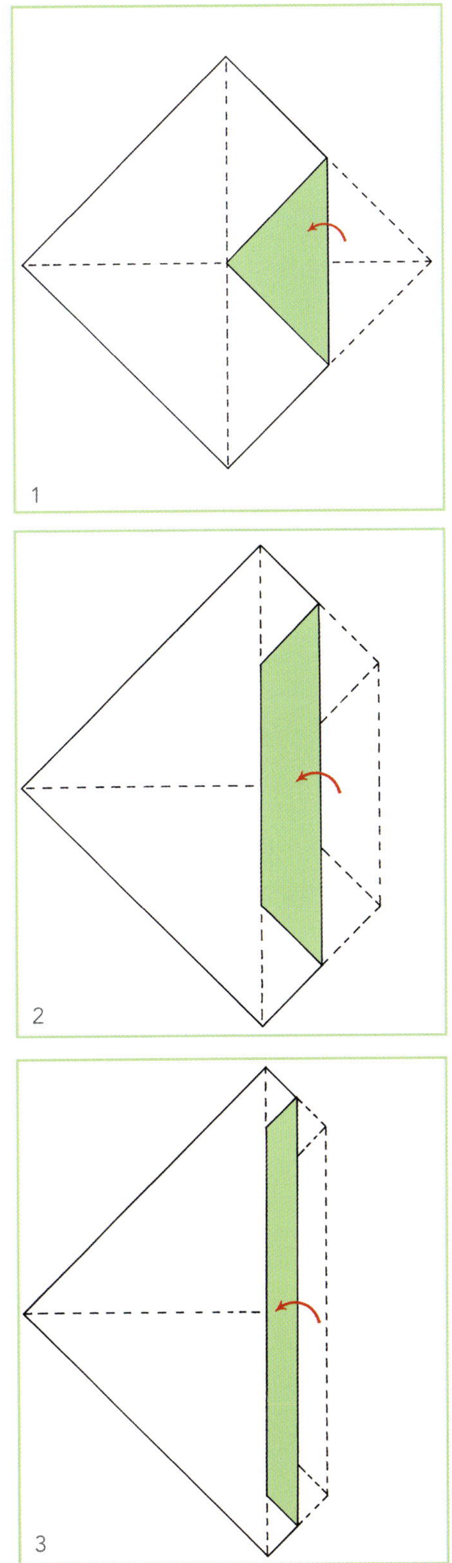

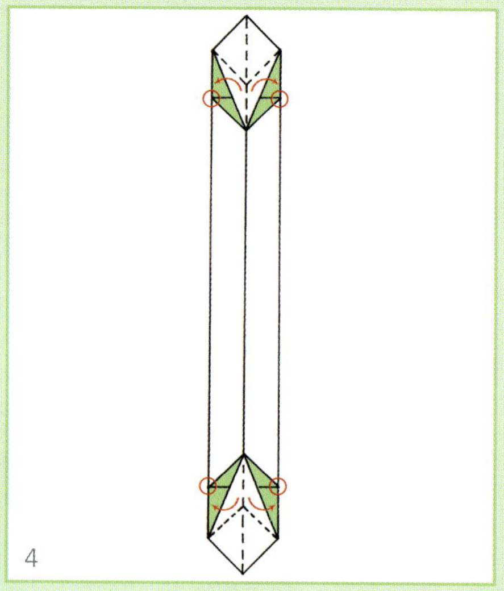
4

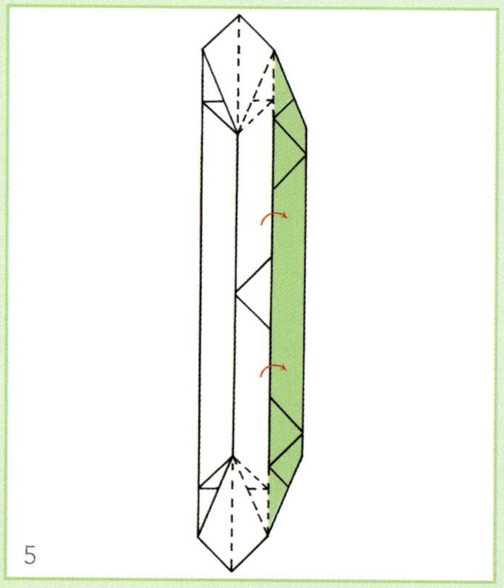
5

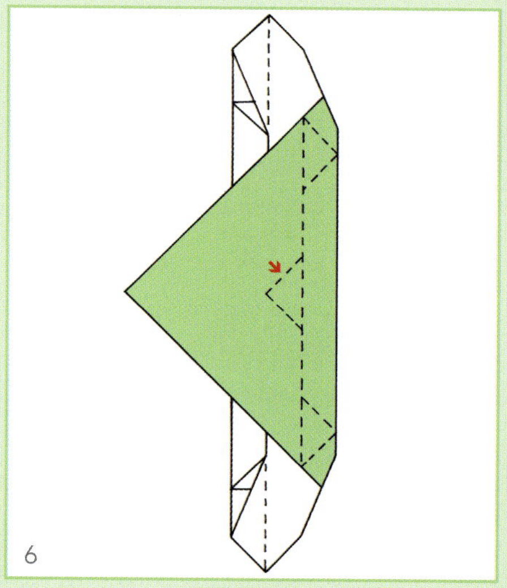
6

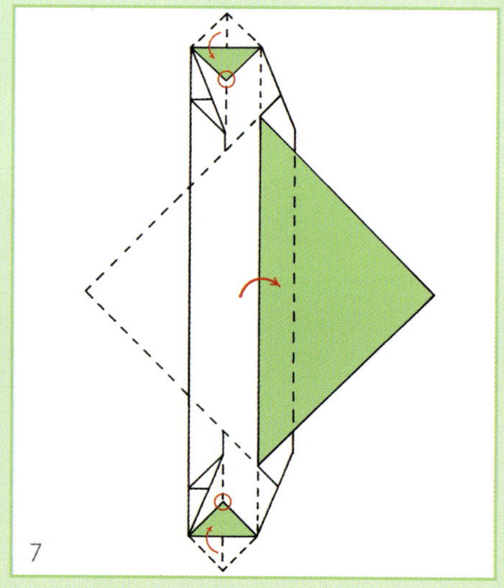
7

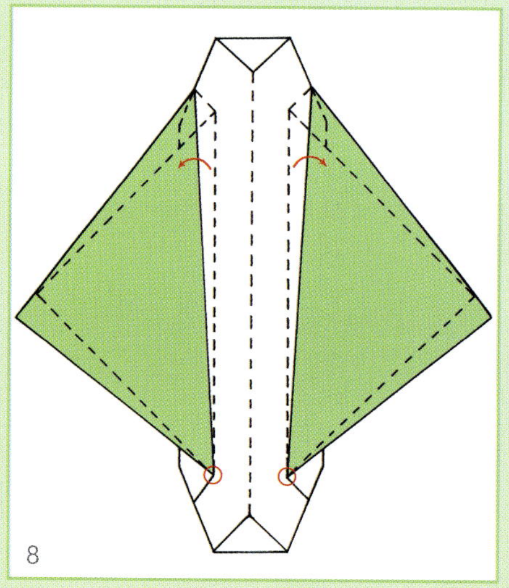
8

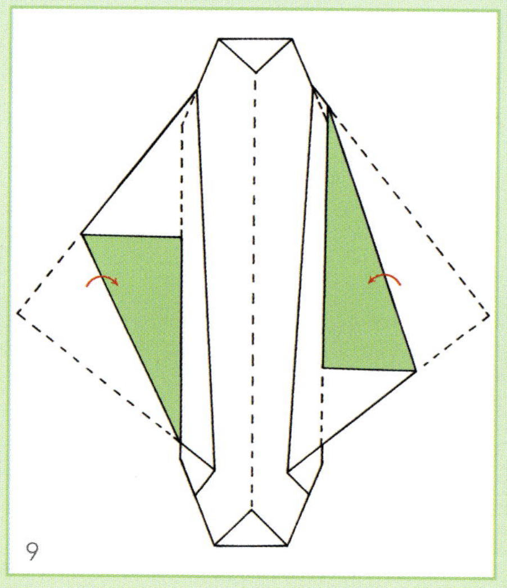
9

Abb. 4: Die vier Ecken öffnen und kleben.
Abb. 5: Setzen Sie den Faltprozess wiederum mit einer Schnittseite fort. Öffnen Sie zuerst den rechten gefalteten Teil, bis das mittlere Dreieck sichtbar wird.
Abb. 6: Ziehen Sie diese «Dreieckslasche» heraus, um die Seite nach links legen zu können.
Abb. 7: Knicken Sie diese Seite wieder nach rechts. Das obere und untere Eckchen auf die Mittellinie legen, bis ihre Basiskanten die seitlichen Falten treffen. Kleben.
Abb. 8: *Entfalten Sie in der gleichen Weise die andere Schnitthälfte.* Bevor Sie die unteren Klebepunkte anbringen, lassen Sie erst jeweils beide Seitenflügel nach außen schräg bis zur Kante gleiten, indem Sie mit einem Finger die unteren Ecken kurz halten. Diese Schrägfalten verlaufen spitz bis zu den unteren Ecken, die Sie jetzt ankleben können.
Abb. 9: Falten Sie nun spiegelbildlich die Flügelecken *auf die darunterliegenden durchscheinenden Kanten.*
Abb. 10 und 11: Nach den Zeichnungen die Falten zu Ende führen und kleben. *Der rechte Schnittwinkel wird zum Zentrum (Z).*

Das Zusammensetzen der sechs Schnitte erfolgt mit dem sechsstrahligen Diagramm (siehe Grundanleitung, S. 25), wobei *der linke obere Winkel, der als Spitze (S) dient, auf die Diagrammlinie zu legen ist.*

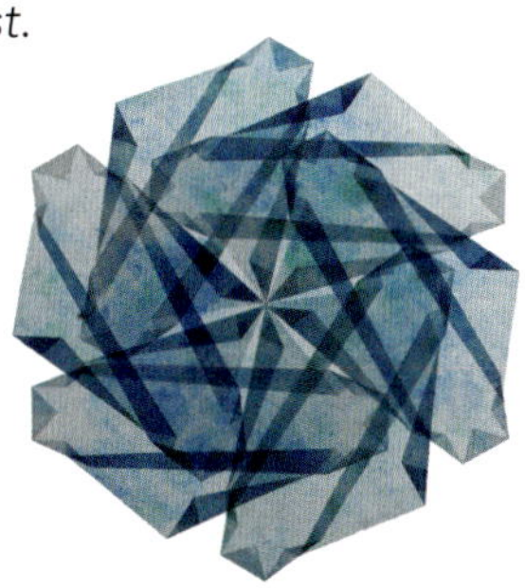

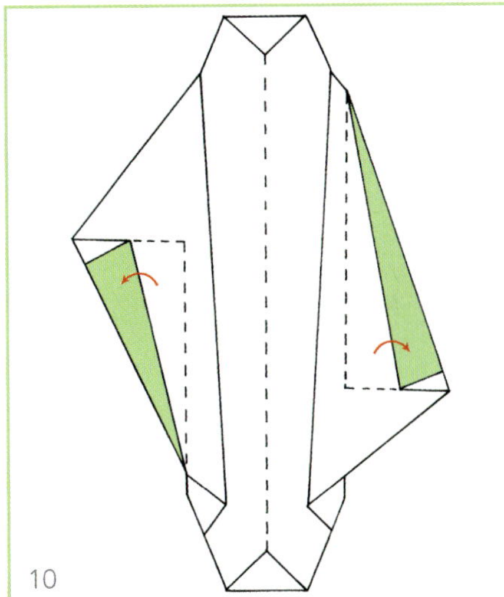
10

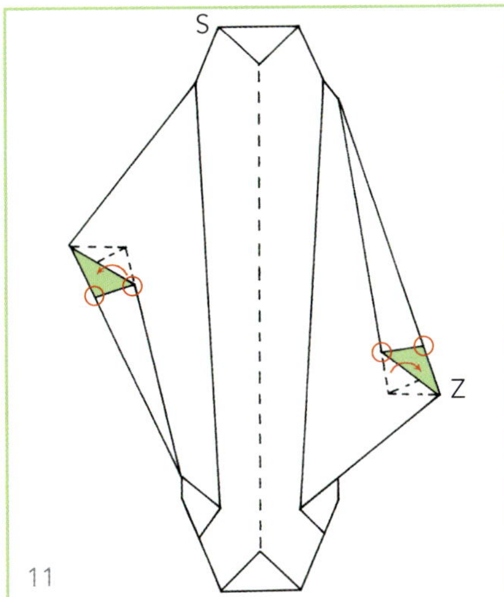

11

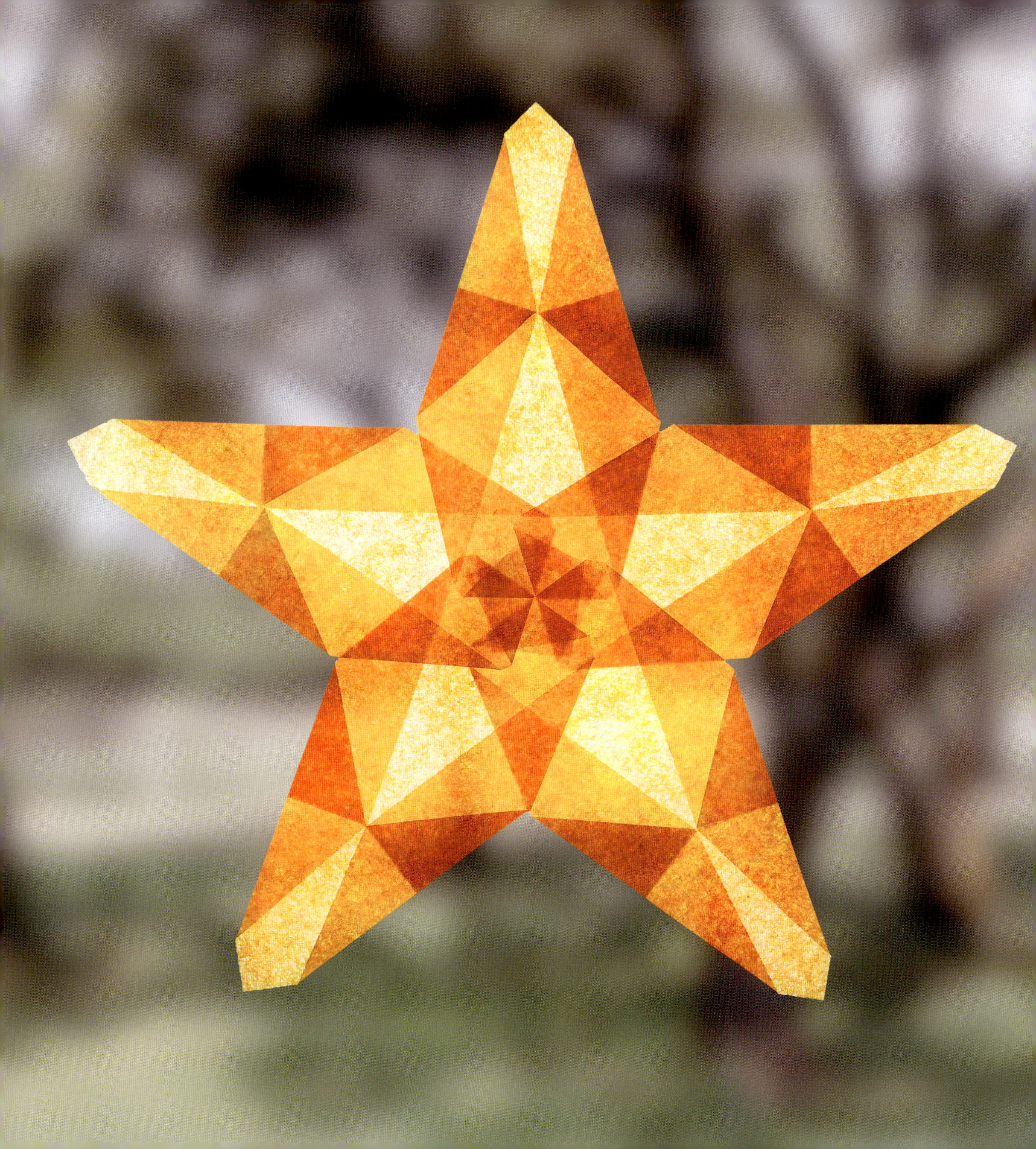

Fünfsternspiel *

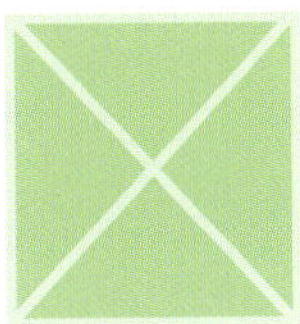

Fünfstrahlig
Ø 31 cm, Schnitt 1
Ø 21 cm, Schnitt 5
Ø 15 cm, Schnitt 2

Die allgemeine Gestalt dieses Fünfsterns ist zwar klassisch, seine Struktur äußerst klar, seine Stabilität jedoch scheint nur relativ zu sein. Bei genauer Betrachtung fühlt man sich durch das Ineinanderspiel der zwischen Hell und Dunkel abwechselnden Sternformen in eine langsame, vertiefende Drehbewegung hineingezogen.

Bilden Sie deutlich die Diagonalen der fünf quadratischen Schnitte. Für das Zentrum (Z) gilt dieselbe Vorbereitungsfalte wie für «Leicht und luftig» (Abb. 1 und 2, S. 43).
Abb. 1: Bilden Sie wiederum eine Vorbereitungsfalte.
Abb. 2: Falten und kleben Sie beide Flügel.
Abb. 3: Bei der abschließenden Faltung glätten Sie mit dem Messerrücken.
Das Zusammensetzen erfolgt mit dem fünfstrahligen Diagramm (s. Grundanleitung, S. 25). Achten Sie besonders beim Zentrum (Z) auf ein exaktes Zusammentreffen der Mittellinien.

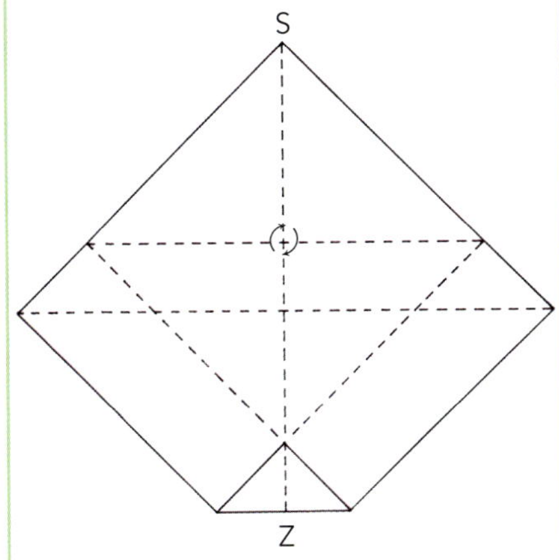

1

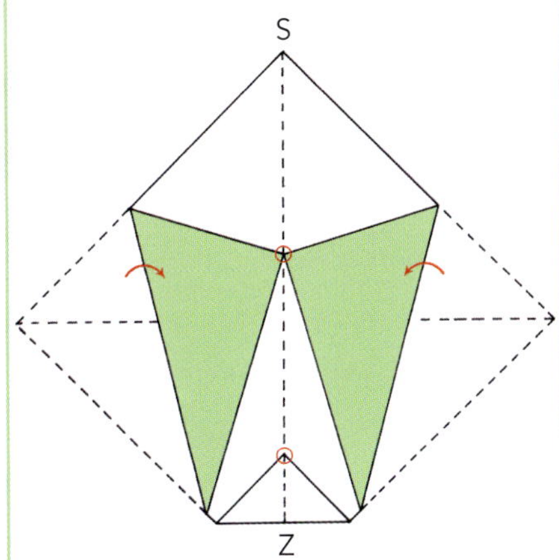

2

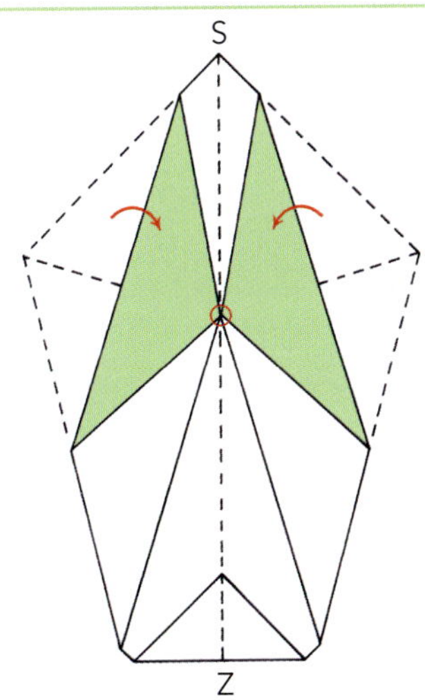

3

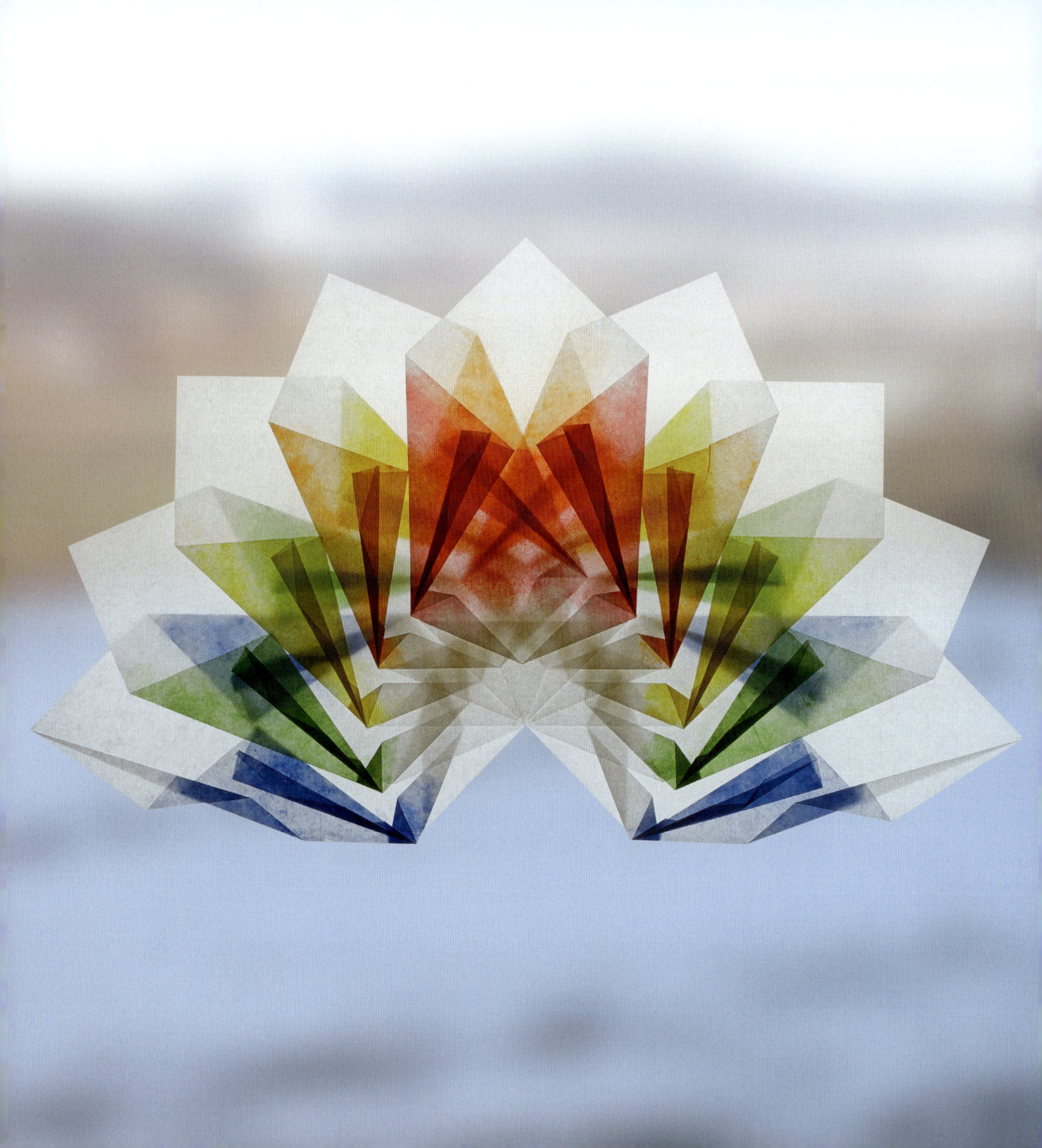

Fächerflimmer ***

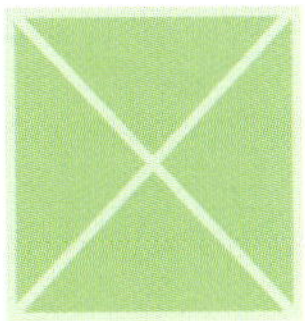

Neunstrahlig
41,5 cm Länge, Schnitt 4
30 cm Länge, Schnitt 1

Mit seinen offenen und luftigen Faltungen, die in einem Bogen aufgespannt sind, scheint dieses Fächertransparent einen angenehm frischen Wind an einem warmen Sommertag zu verkörpern.

Der Fächer besteht aus neun Schnitten, wovon zwei an den rechten und linken Endseiten zusätzliche Falten bekommen.

Abb. 1: Bilden Sie die zwei Diagonalen. Nach dieser ersten (Z)-Falte *drehen Sie Ihren Schnitt ganz um.*
Abb. 2 – 4: Falten Sie auf der Kehrseite nach den Zeichnungen weiter.

Dieser Fächer mit weißem Seidenpapier, dessen Schnitte vor dem Faltprozess gezielt aquarelliert wurden, zaubert ein Farbenspiel ans Fenster.

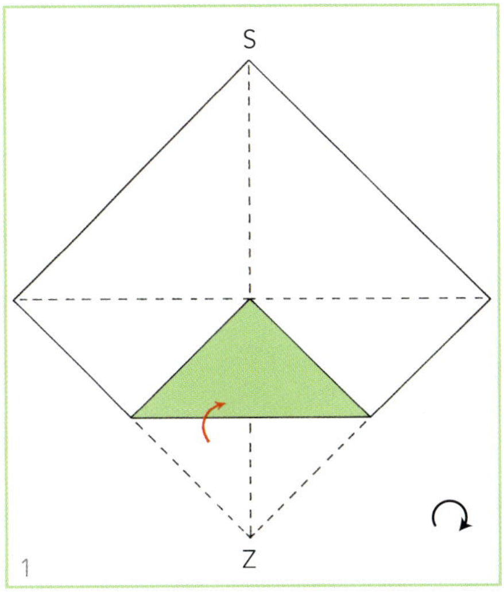

1

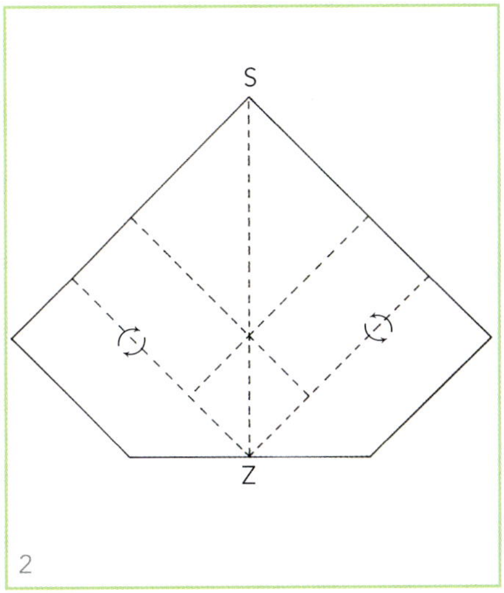

2

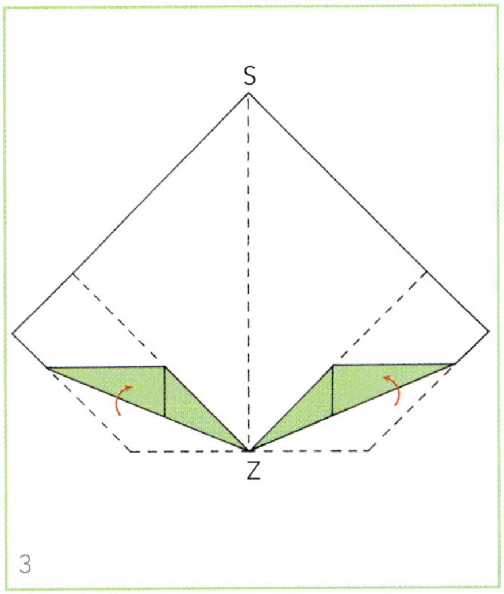

3

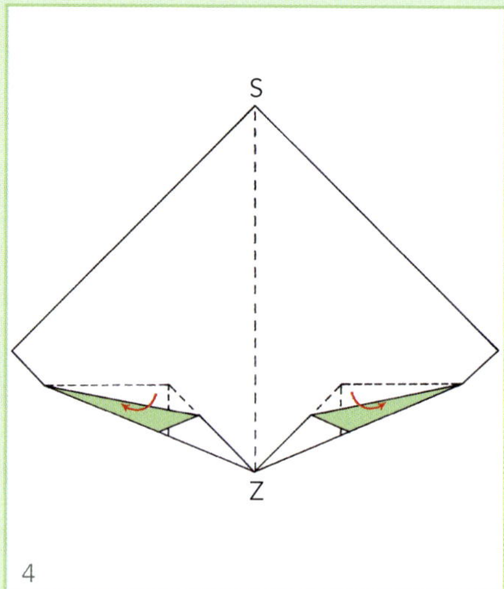

4

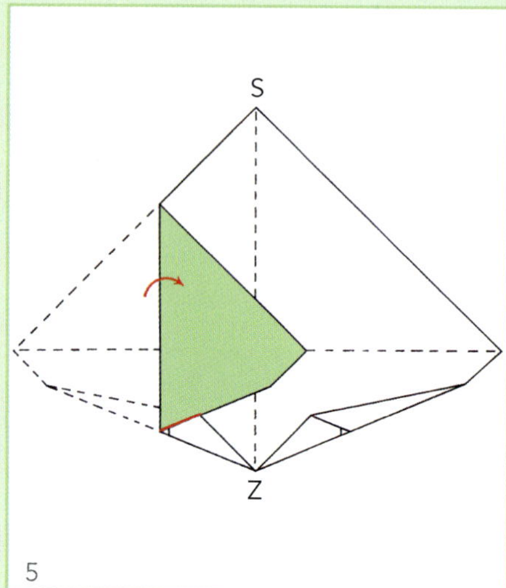

5

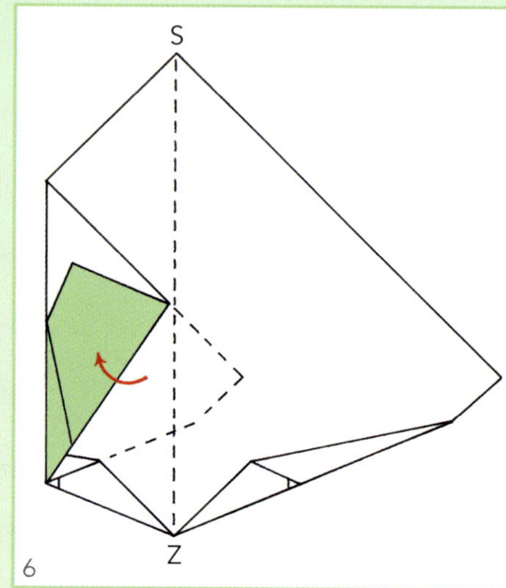

6

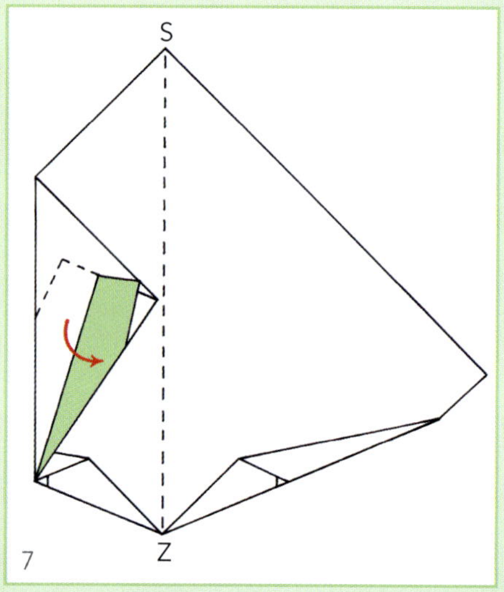

7

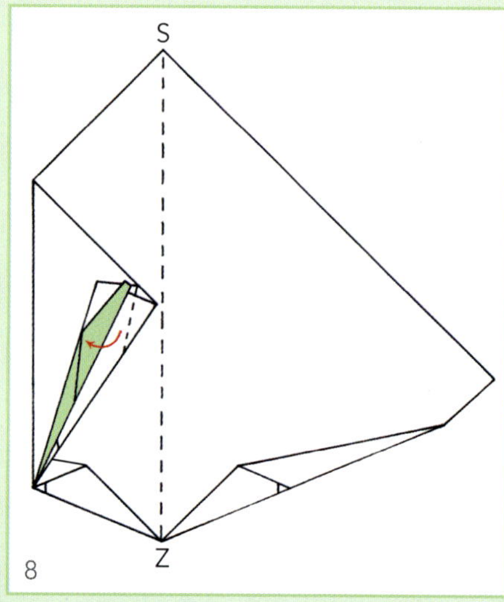

8

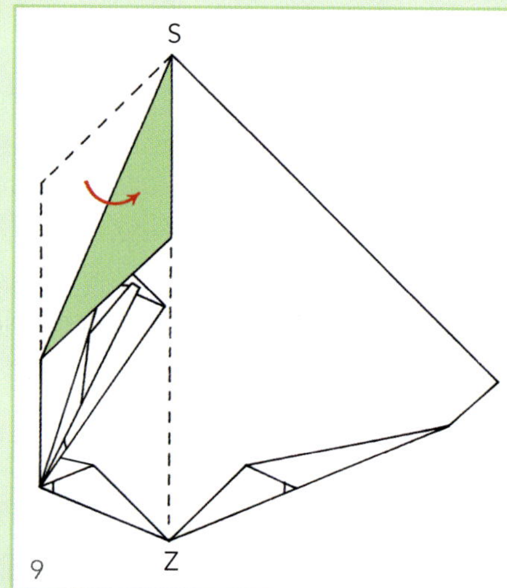

9

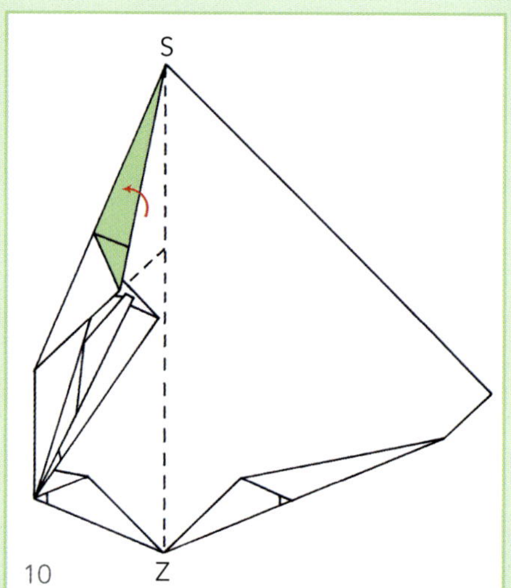

10

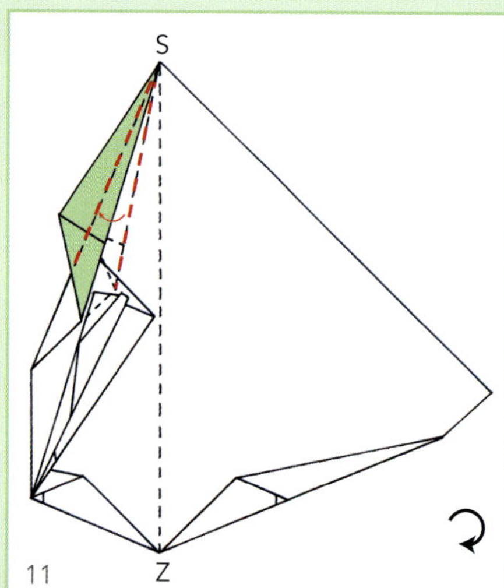

11

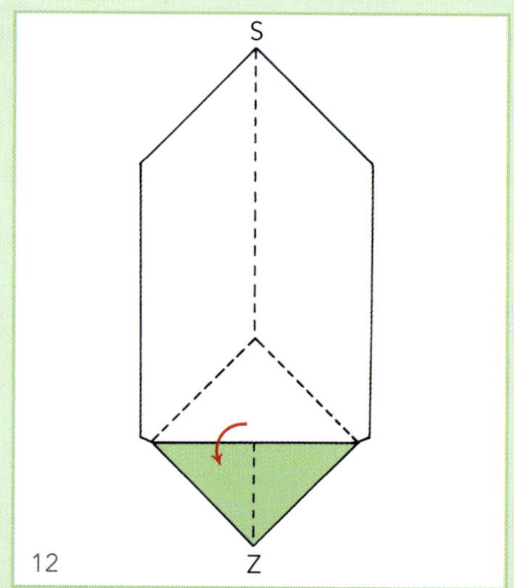

12

Abb. 5: Die Falte vom linken Flügel stützt sich auf die innere linke (Z)-Kante (mit roter Linie markiert).
Abb. 6 – 8: Nach den Zeichnungen fortfahren. *Falten Sie jetzt die andere Schnitthälfte ab Zeichnung 5 genauso.*
Nur für die zwei äußeren Fächerschnitte:
Abb. 9 und 10: Für die linke Fächerseite nach den Zeichnungen zusätzlich falten.
Abb. 11 zeigt, dass die Innenkante um eine aufgehellte schön sitzende Endfaltung zu bekommen, nach außen gerückt und auf die darunterliegende Außenkante flach gelegt werden muss. *Für die rechte Fächerseite falten Sie den anderen Schnitt auf der entsprechenden Gegenseite genauso.*
Abb. 12: Dann kehren Sie alle neun Schnitte für die letzte Falte um.
Abb. 13 zeigt den Anfang des Zusammensetzens. Gehen Sie dabei vom zentralen Schnitt aus, um weiter rechts und links die weiteren anzulegen. Die Zentren werden so aneinandergeklebt, dass der Klebepunkt des zweiten Schnitts auf sein Zentrum (Z) kommt, um es unten durch an das vorige Zentrum (Z) anzuschließen. Die wichtigen Orientierungs- und Klebepunkte zugleich (O) liegen an der rechten und linken unteren Schnittkante (auf der Zeichnung schnell erkennbar).
Zum Schluss fügen Sie die zwei Außenschnitte entsprechend dazu. Auf der Rückseite müssen Sie den Aufbau mit einigen Klebstoffstrichen weiter befestigen.
Im Vorderteil des Transparents dagegen werden die Falten nicht geklebt, um diese dreidimensional «im Plissee» etwas vorziehen zu können.

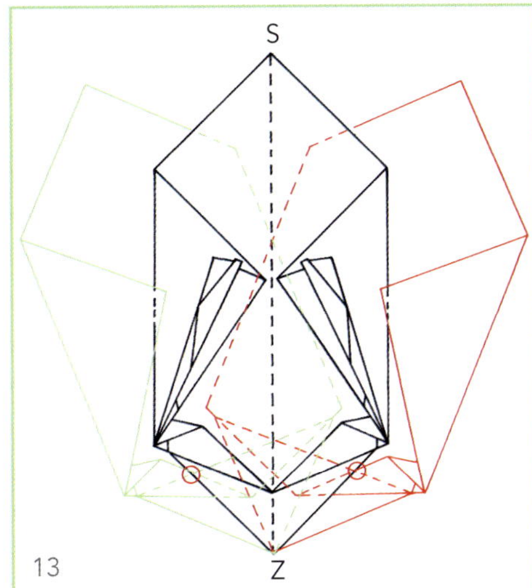

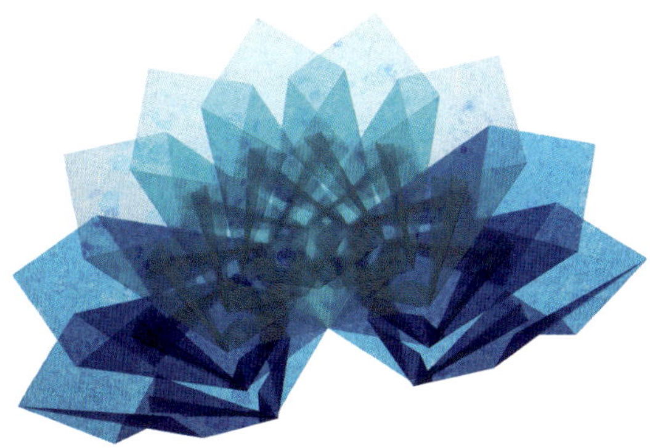

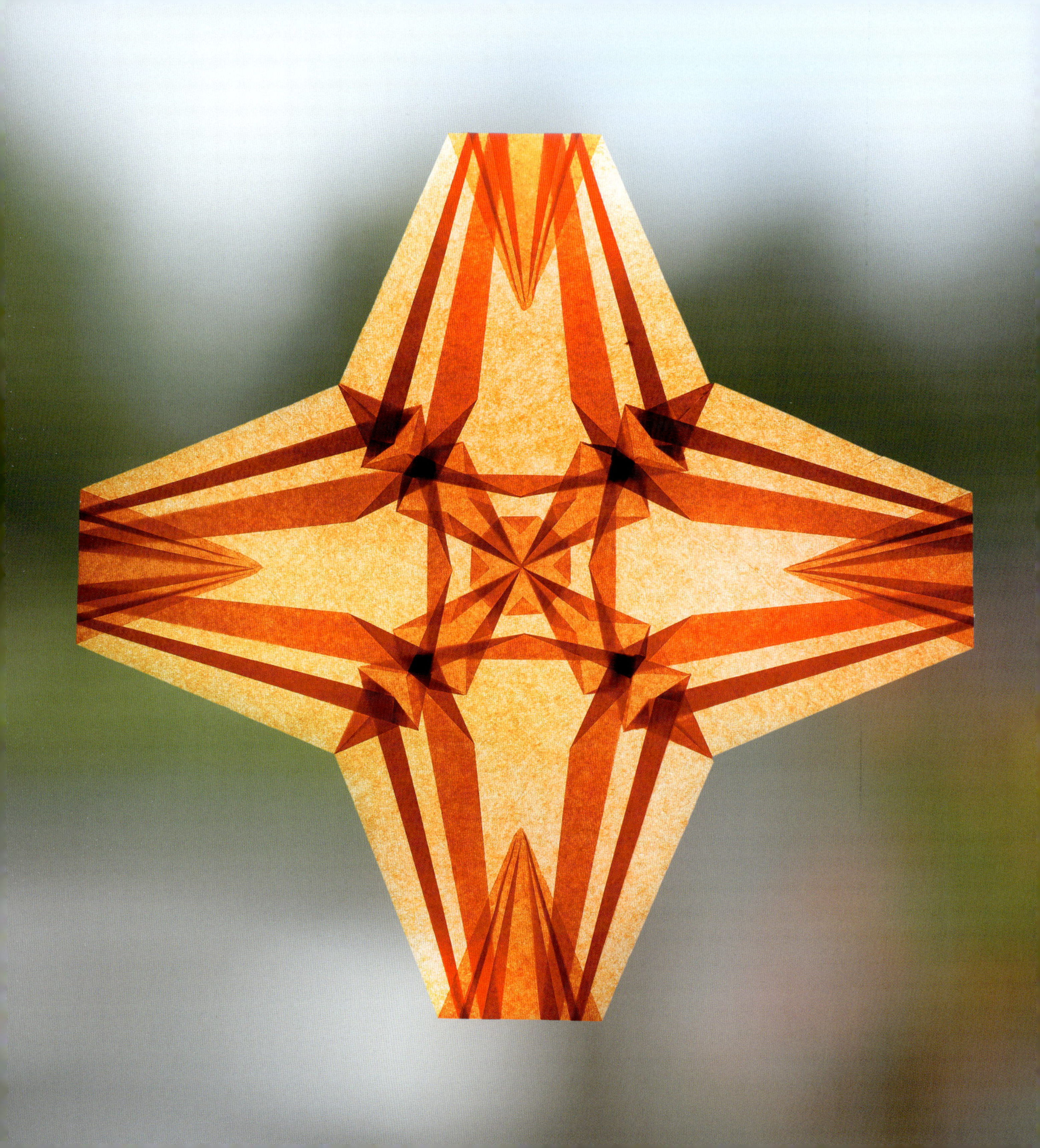

Kreuz ... und quer*****

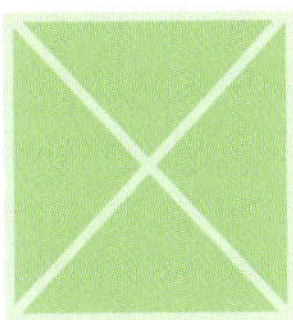

Vierstrahlig
Ø 41 cm, Schnitt 3
Ø 29 cm, Schnitt 4

Zurückgefaltete Spitzen und mannigfaltige Querstreifen umrahmen mehrere Kreuzmotive. Ein anspruchsvolleres Transparent mit klarer Innenstruktur, dessen Linienwege an den Grundriss eines Klostergartens erinnern.

Dieser Kreuzstern erfordert viele feine Faltlinien, deswegen werden Sie *stets den Messerrücken brauchen*. Nehmen Sie vier Schnitte nach Nr. 3 oder 4.
Abb. 1 – 3: Bilden Sie die beiden Diagonalen. Als Vorbereitungsvorgang beginnen Sie mit dieser Faltenfolge. Dann öffnen Sie alle diese Falten wieder.

Das orangefarbene Seidenpapier von «Kreuz … und quer» wurde leicht aufgehellt.

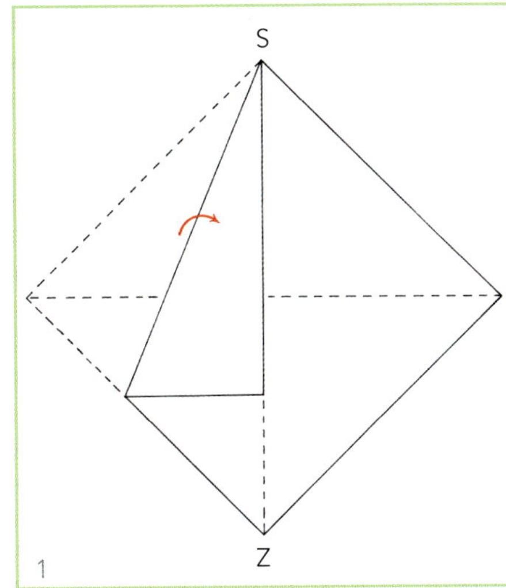

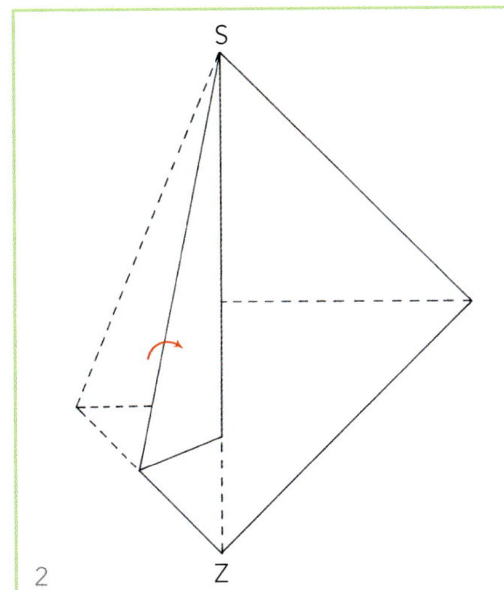

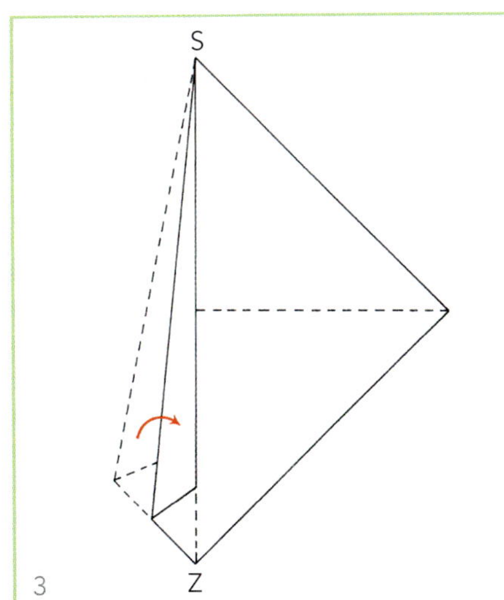

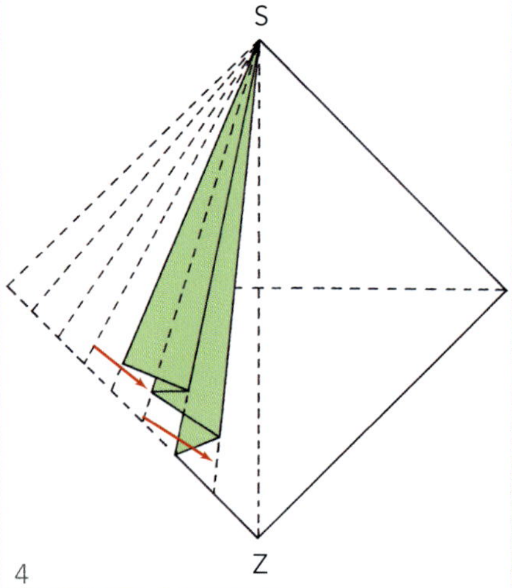

4

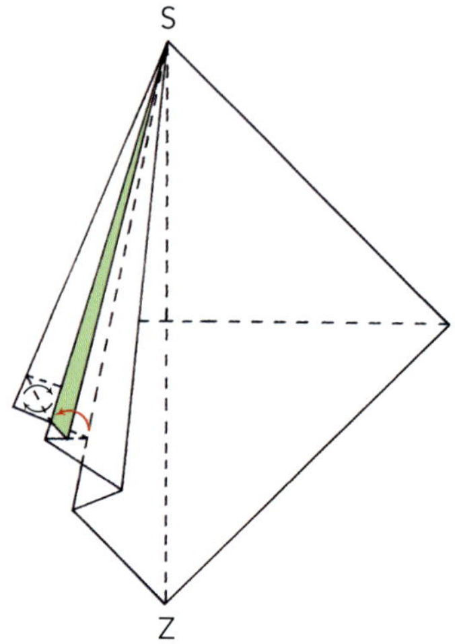

5

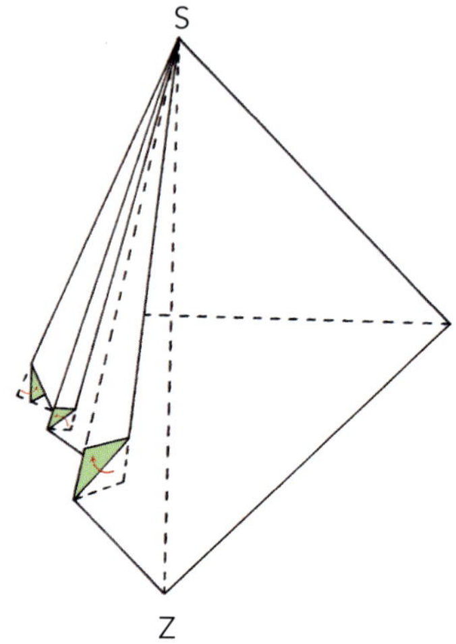

6

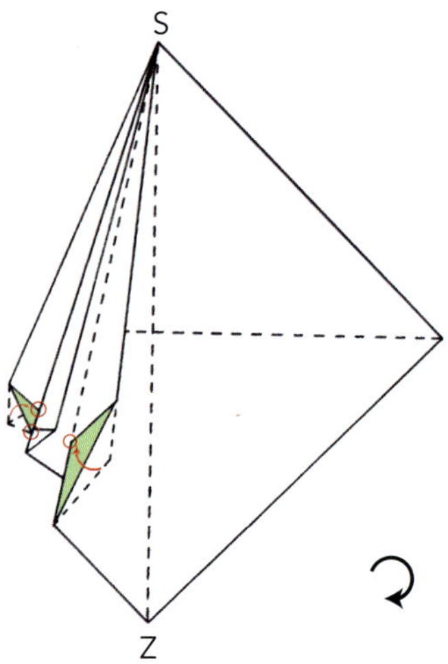

7

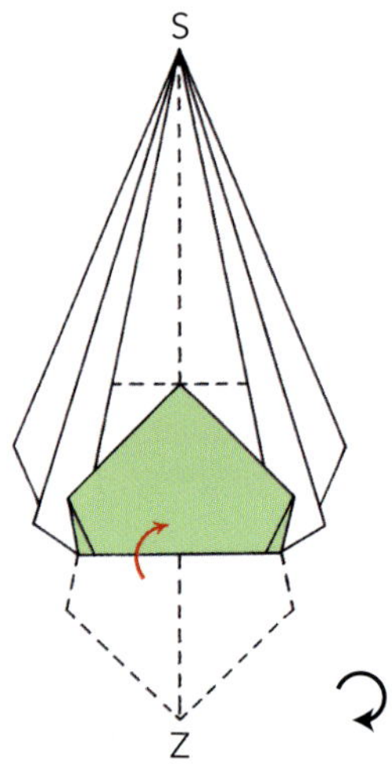

8

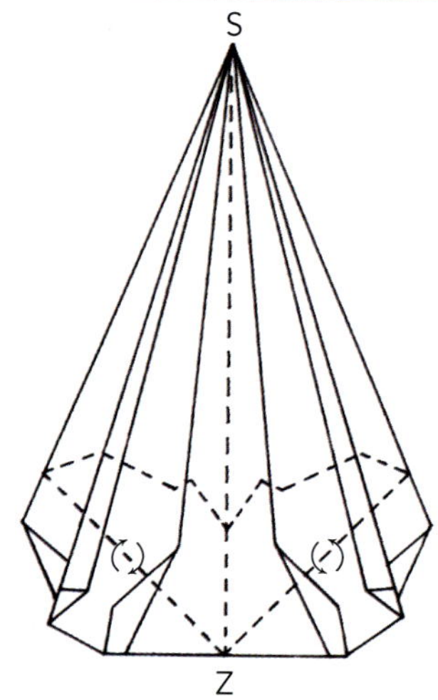

9

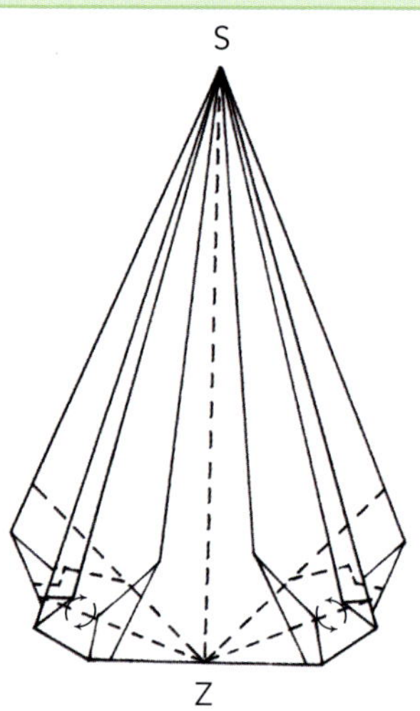

10

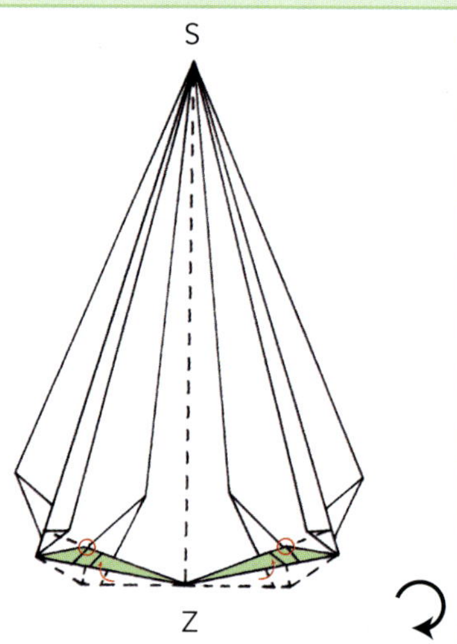

11

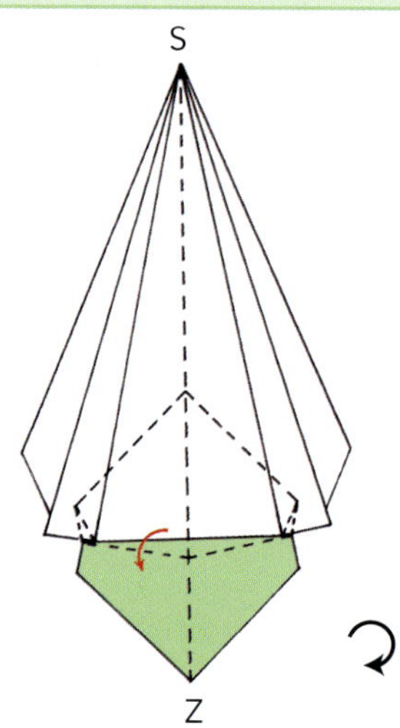

12

Abb. 4: Setzen Sie nach der Zeichnung die Falten auf die Vorbereitungslinien. Dieses Plissee ergibt sich wie von selbst.
Abb. 5 – 7: Arbeiten Sie nach den Zeichnungen weiter und kleben Sie bei Schritt 7 die drei Eckchen fest. *Anschließend falten Sie die andere Schnittseite von vorn genauso.*
Abb. 8: Dann kehren Sie erst Ihren Schnitt um und legen das Zentrum (Z) auf den Mittelpunkt. *Drehen Sie den Schnitt wieder auf die Vorderseite.*
Abb. 9 und 10: Fertigen Sie die Vorbereitungsfalten nach den Zeichnungen an.
Abb. 11: Bilden Sie die unteren Ecken. Die Faltkanten müssen die äußeren Basiswinkel erreichen. Kleben. *Dann wieder den Schnitt umkehren!*
Abb. 12: Der (Z)-Winkel wird ausgestreckt, *bevor Sie Ihren Schnitt wiederum auf die Vorderseite umdrehen.*
Abb. 13: Falten Sie Spitze (S) und Zentrum (Z) der Zeichnung entsprechend.
Abb. 14: Bilden Sie zuerst die Vorbereitungsfalte für den mittleren unteren Winkel. Dann werden die zwei Basisecken zurückgeknickt, sodass ihre Kanten die äußeren Winkel erreichen.
Abb. 15: Zum Schluss nach der Zeichnung fertig falten und alle angegebenen Klebepunkte anbringen.

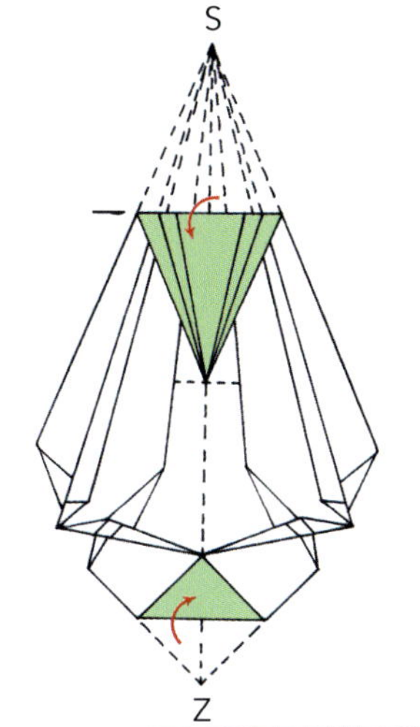

13

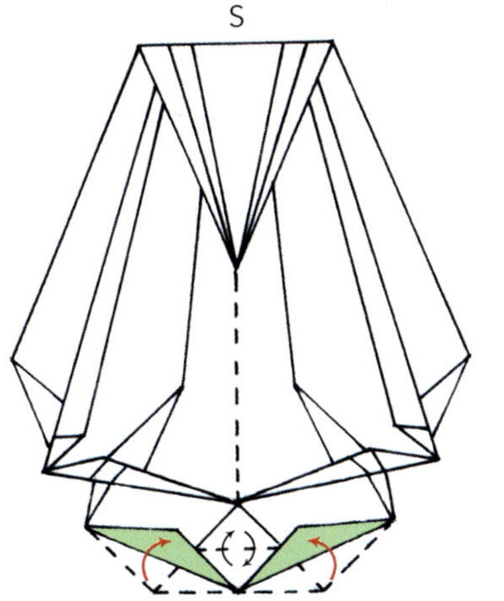

14

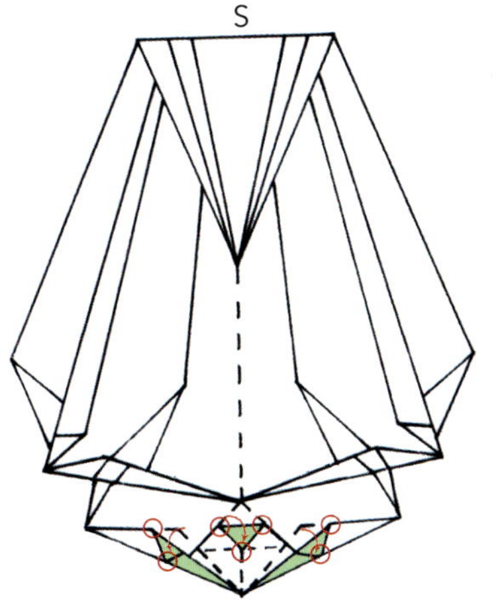

15

Abb. 16: Beim Zusammensetzen dient die schräge Faltlinie (rot punktiert) als Stützlinie. Aus der Zeichnung wird ersichtlich, dass auf dieser Linie nur der erste Winkel des nächsten Schnitts geklebt wird.
Danach befestigen Sie die Kreuzrückseite mit langen Klebestrichen, damit die schöne klare Struktur gut herauskommen kann.

16

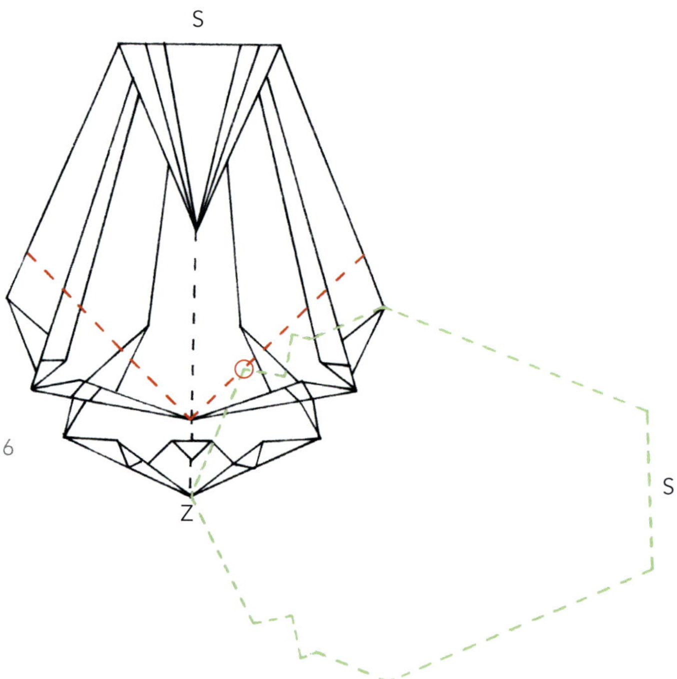

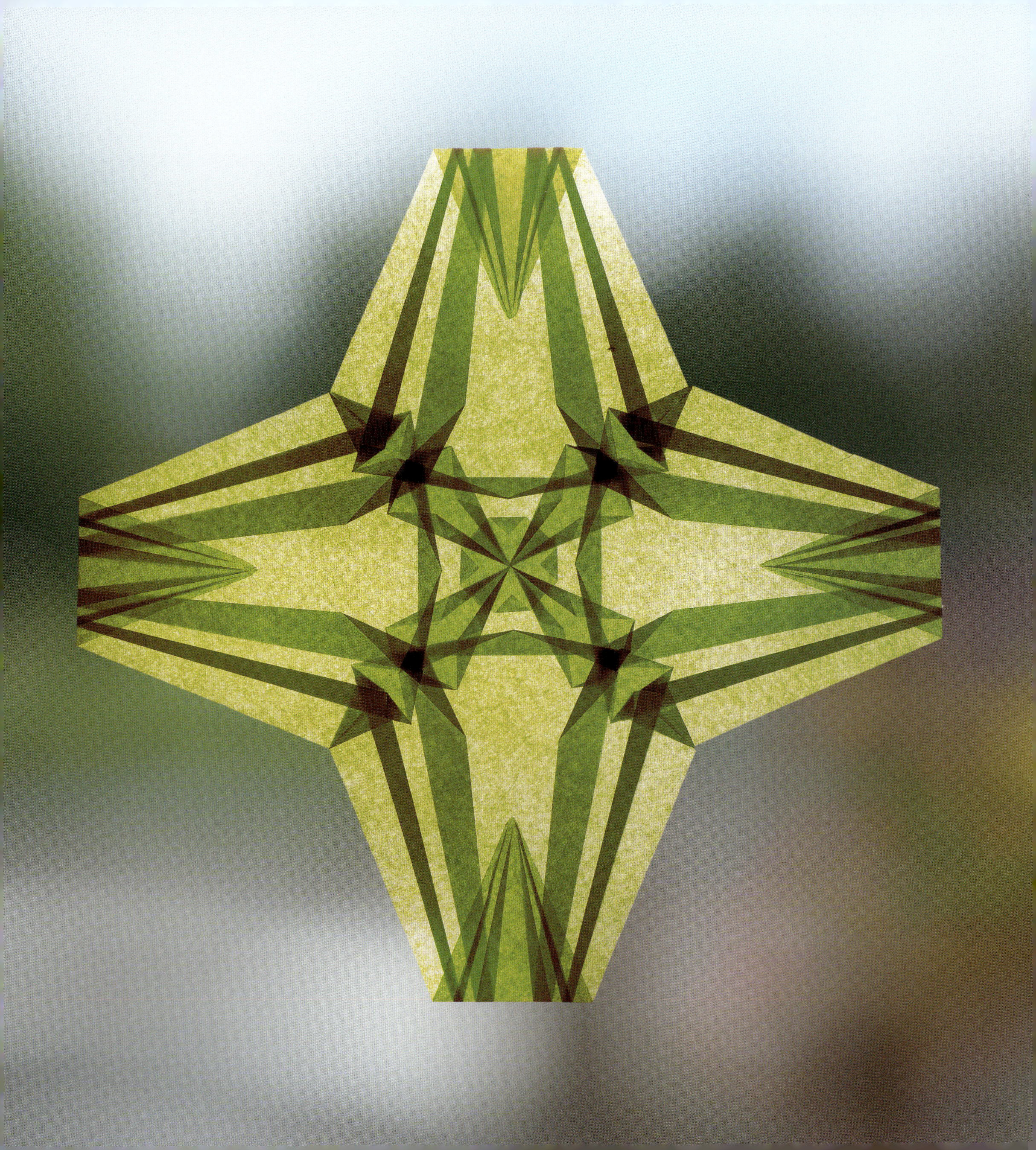

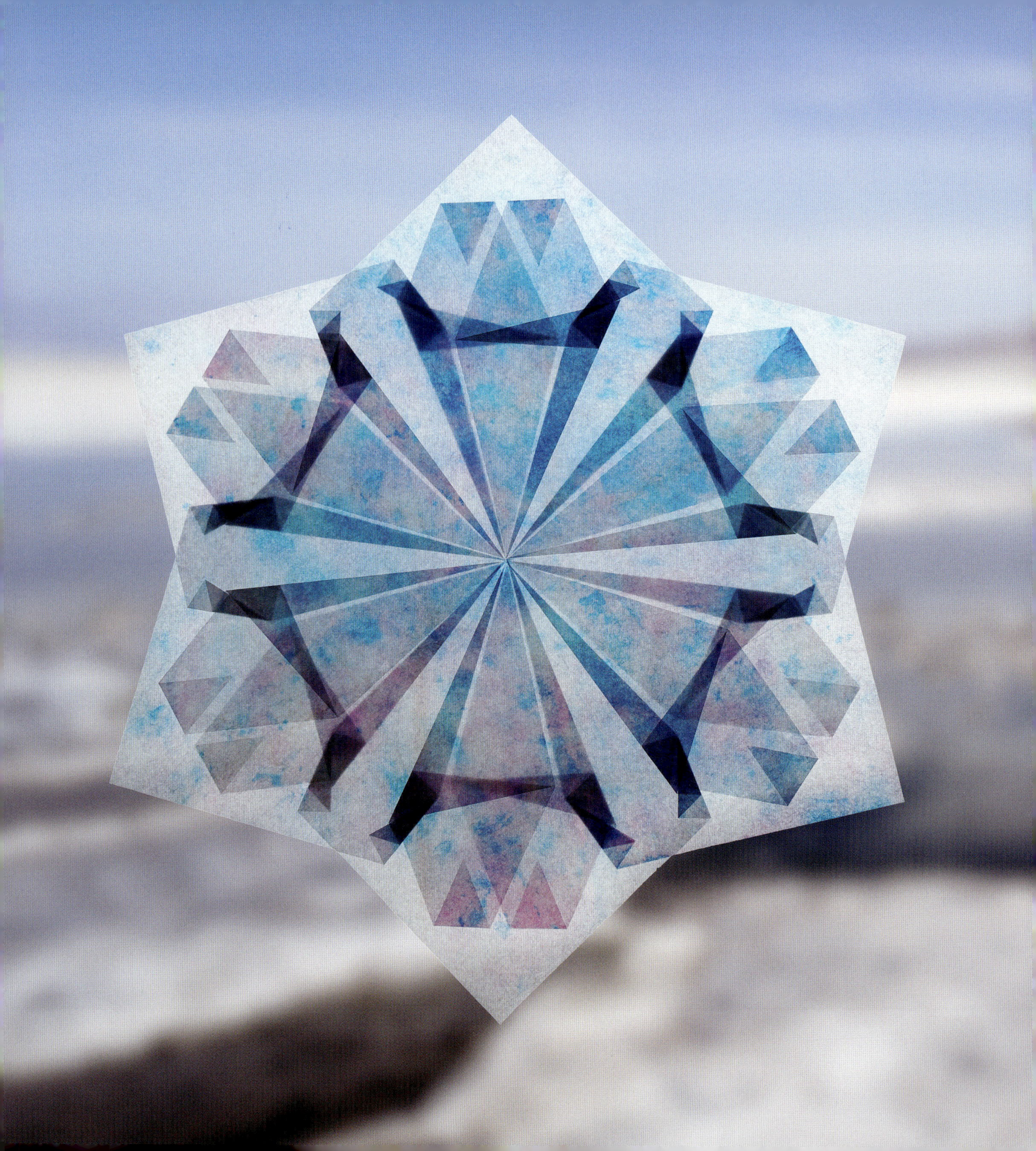

Kalte Rückstrahlung**

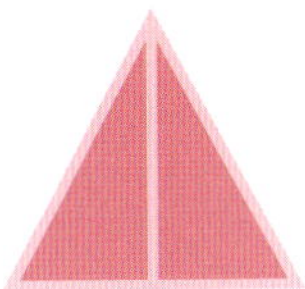

Sechsstrahlig
Ø 35,5 cm, Schnitt 3
Ø 24,5 cm, Schnitt 4
Ø 17,5 cm, Schnitt 1

Die ungefalteten Spitzen dieses Transparents vermitteln den Eindruck einer glatten Eisfläche, die auf der Fensterscheibe zu schmelzen beginnt. Darüber haben sich klare Eiskristalle gebildet, die wie im Augenblick entstehen und vergehen …

Abb. 1 und 2: Halbieren Sie drei quadratische Schnitte (wie oben angegeben), um sechs Dreiecke daraus zu gewinnen (siehe dazu «Dreieckige Schnitte», S. 19). Dann falten Sie die Mittellinie. Beginnen Sie erst mit der linken Schnitthälfte nach den Zeichnungen.
Abb. 3 und 4: Bilden Sie die Vorbereitungsfalten für die entsprechenden Hilfslinien.

Bei diesem Kristall wurde das weiße Seidenpapierblatt mit dem Schwämmchen mit Türkisblau und Malvenfarbe tupfenweise aquarelliert.

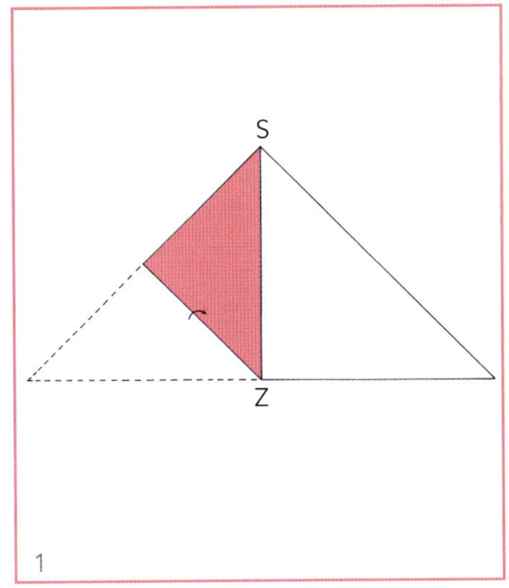

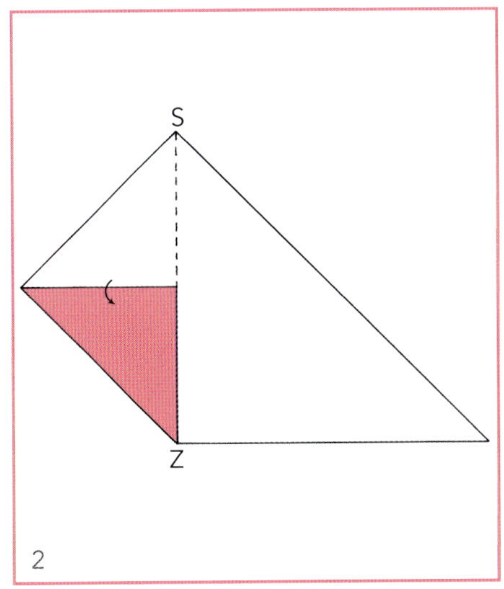

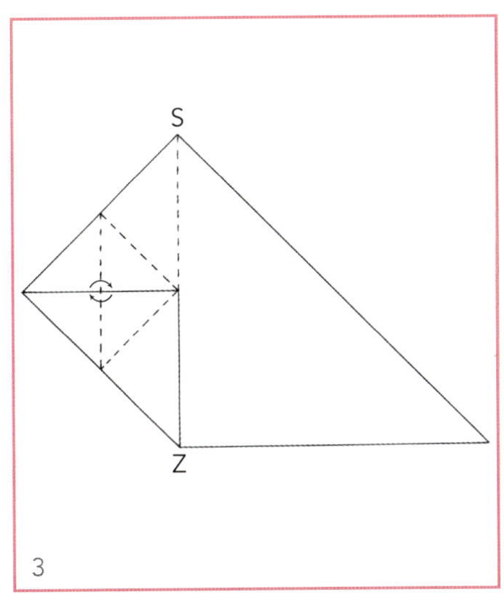

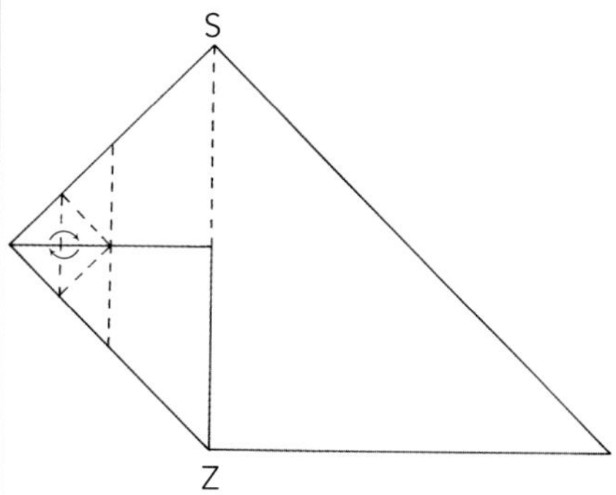

4

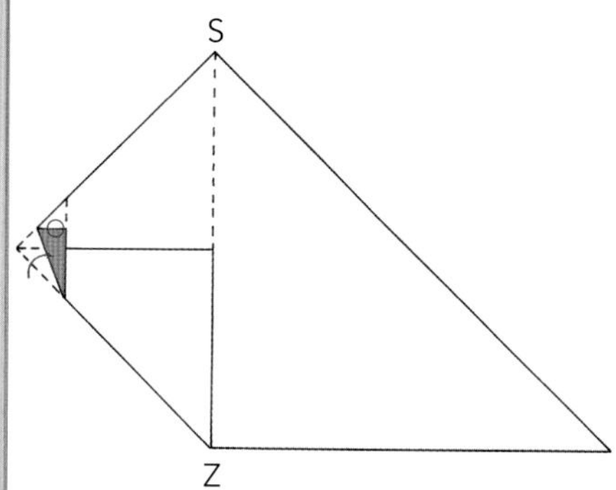

5

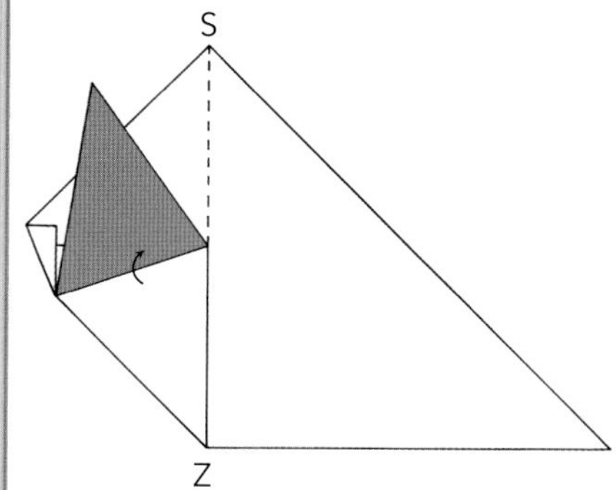

6

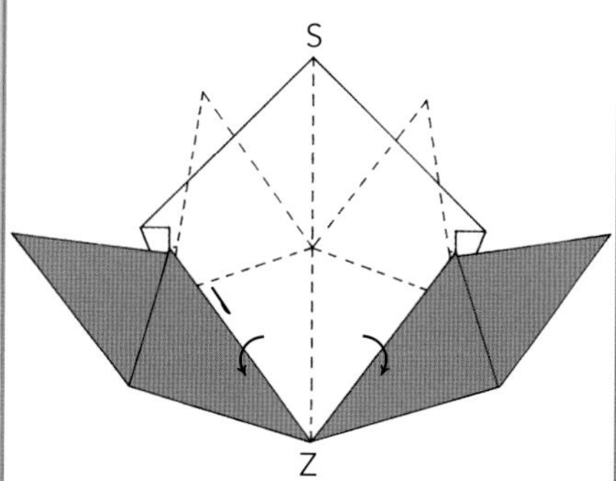

7

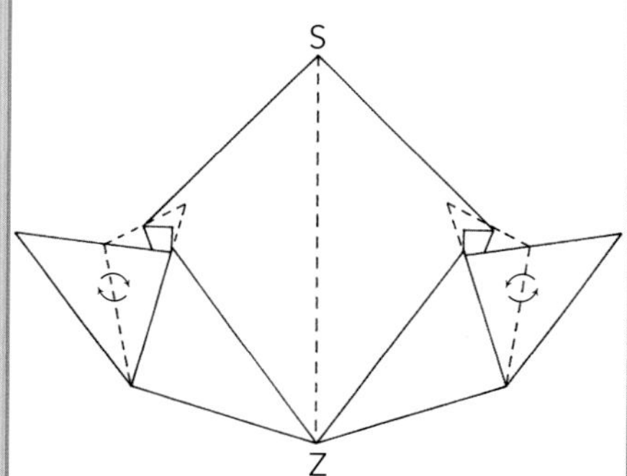

8

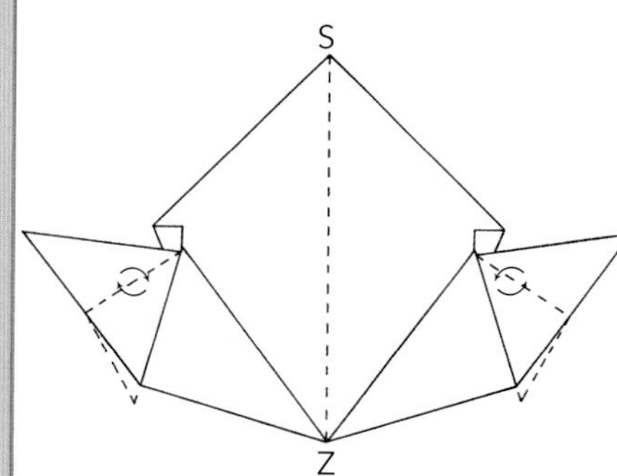

9

Abb. 5: Bilden und kleben Sie das Eckchen.
Abb. 6: Knicken Sie jetzt diese lose Ecke so weit nach oben, bis ihre Faltkante die angezeigten Grenzen anstößt. *Jetzt führen Sie den gleichen Faltprozess von vorn für die rechte Schnitthälfte aus.*
Abb. 7: Öffnen Sie seitlich abwärts die zwei Flügel so weit, bis ihre Faltkanten an die festen Dreieckchen stoßen. Helfen Sie sich dabei mit dem Messerrücken, weil diese Falten sehr fein bis zum Zentrum (Z) darunter verlaufen müssen.
Abb. 8 und 9: Fertigen Sie die Vorbereitungsfalten.
Abb. 10: Zunächst kleben Sie die äußeren Eckchen auf die Kreuzung der eben gebildeten Hilfslinien. Dann kommen noch zwei Klebepunkte für die Schrägkanten hinzu.
Für das Zusammensetzen ihrer sechs Schnitte nehmen Sie das sechsstrahlige Diagramm (siehe Grundanleitung, S. 25). Sie werden feststellen, dass die zuletzt gefalteten Eckchen bei jedem Strahl immer rechts und links von einer Mittellinie erscheinen.

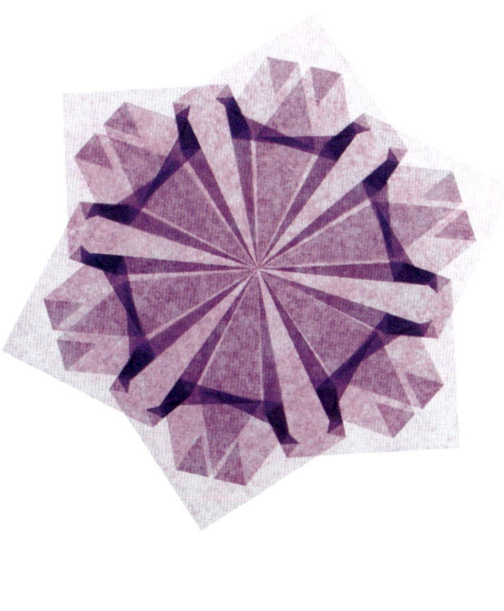

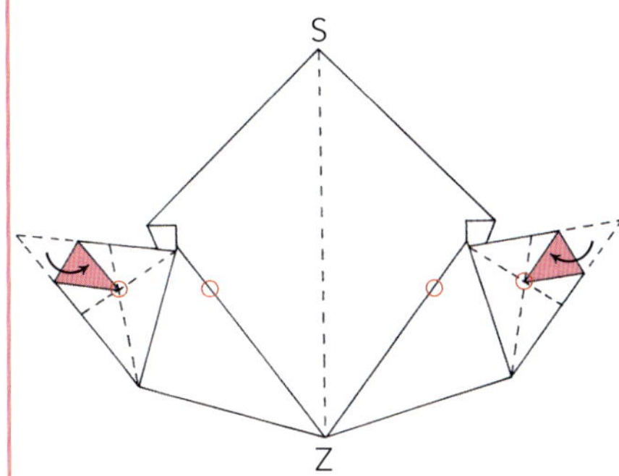

10

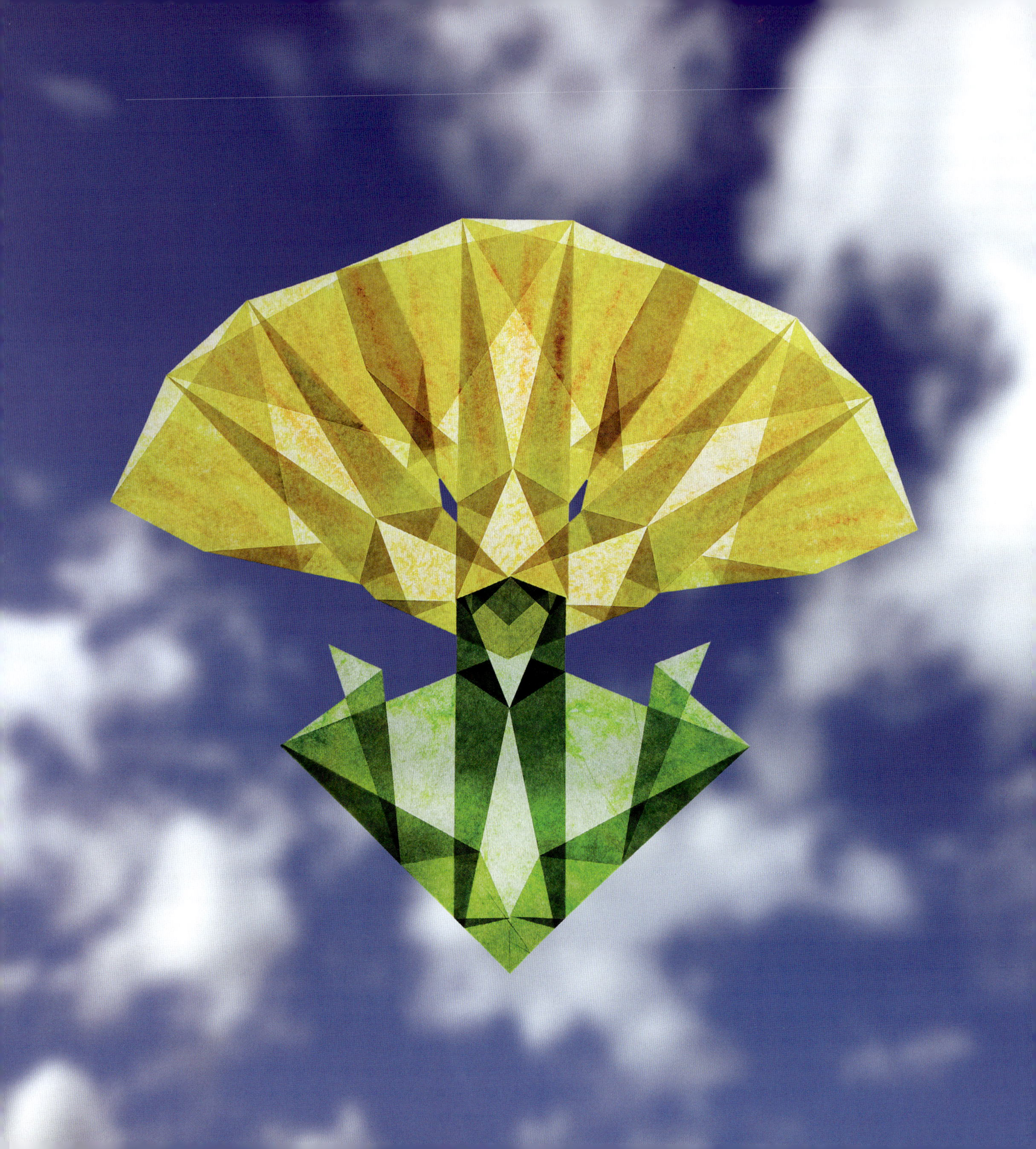

Tulpenbund *****

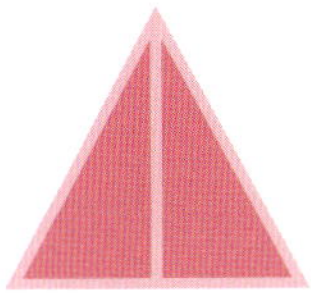

30 cm Höhe, Schnitt 3
21 cm Höhe, Schnitt 4

Eine weitere sehr interessante Falttechnik liegt diesem stilisierten Tulpenbund zugrunde. Anfangs bleibt die Gestaltung der Blumenblätter und des Stängels gleich. Dann wird der grüne Schnitt gedreht und bekommt als Blattwerk zusätzliche Falten, deren elegante Bewegung zu den schweren Blüten eine harmonierende Stütze bildet. Blatt und Blüte als Metamorphose voneinander!

Für die Blumenblätter brauchen Sie zwei viereckige Schnitte mit einer beliebig leuchtenden Farbe. Für das Blattwerk benötigen Sie nur ein grünes Viereck derselben Größe.
Falten Sie erst jedes Viereck zweimal, um die beiden Diagonalen zu erhalten. Dann schreiten Sie mit den Vorbereitungsfalten 1 – 3 von «Turmalin» (S. 81) fort. Wenn Sie diese wieder ganz öffnen, erhalten Sie lauter Hilfslinien. Teilen Sie dann die drei quadratischen Schnitte durch die andere Diagonale, um die benötigten vier Dreiecke zu bekommen – davon bleiben zwei Stück übrig (siehe «Dreieckige Schnitte», S. 19).

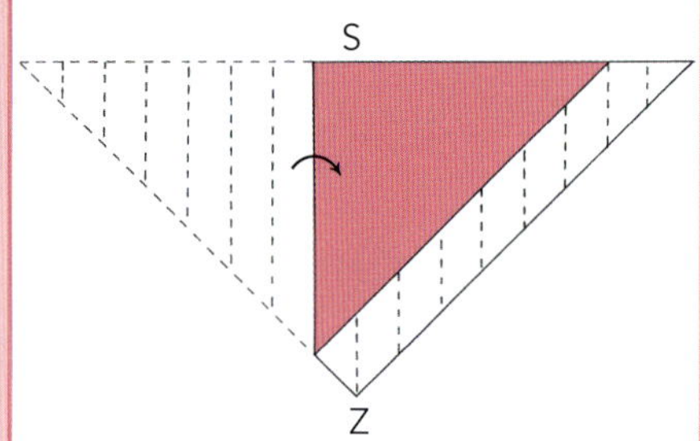

1

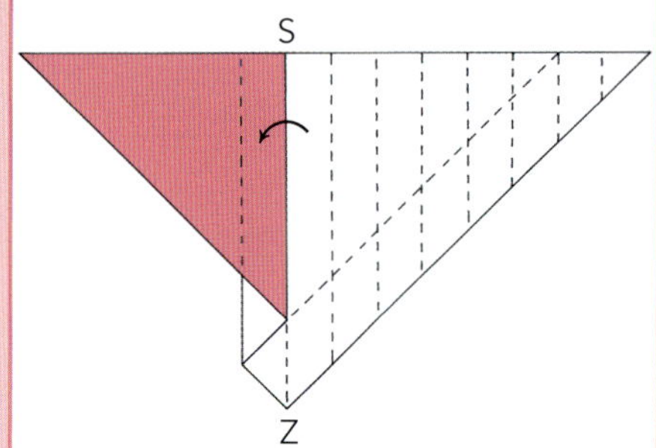

2

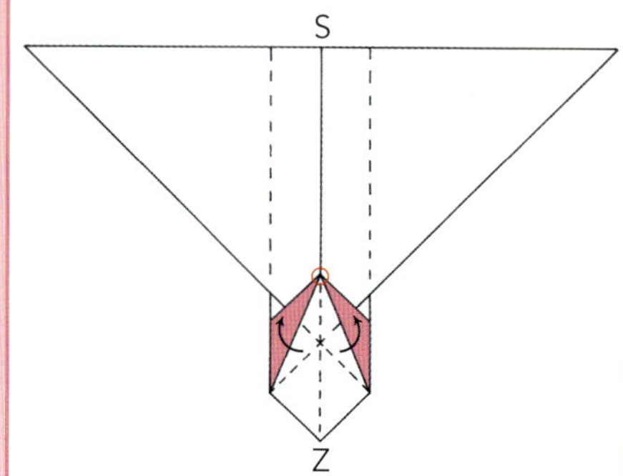

3

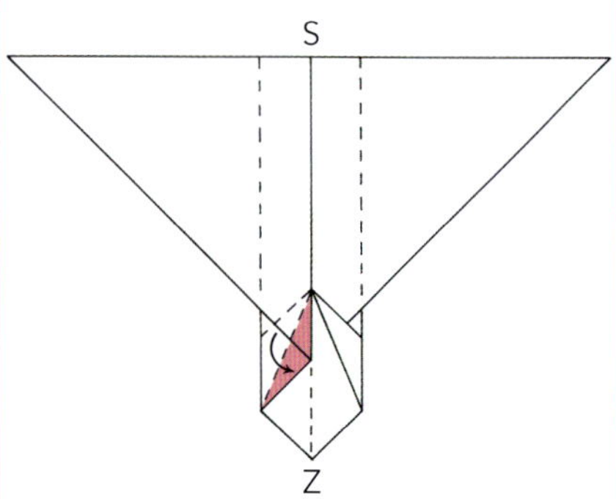

4

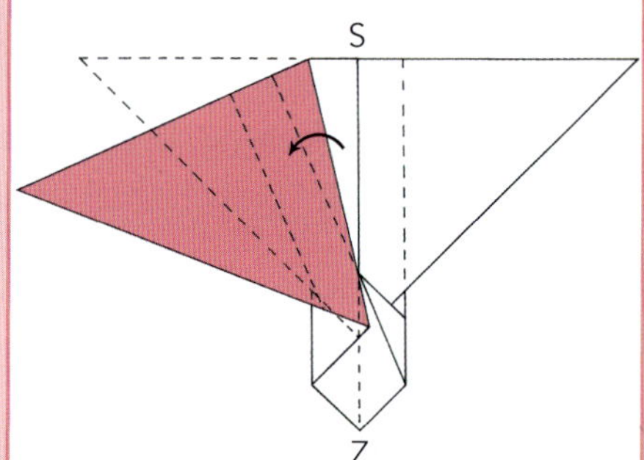

5

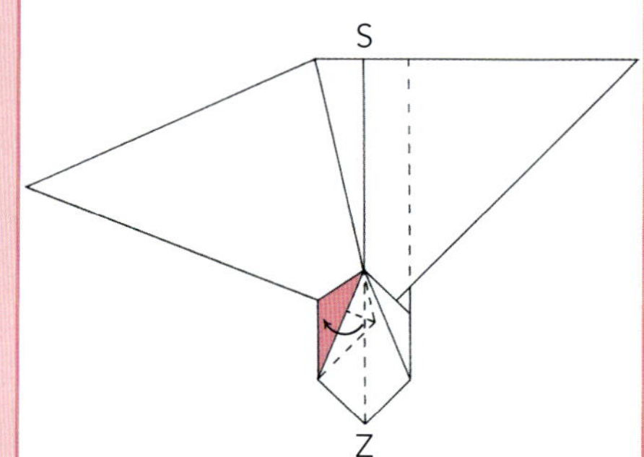

6

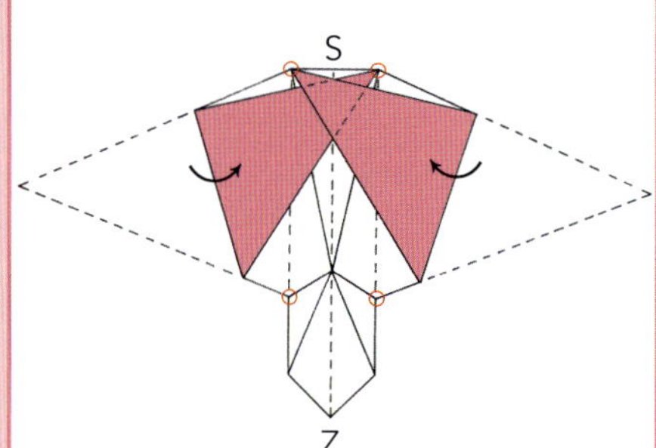

7

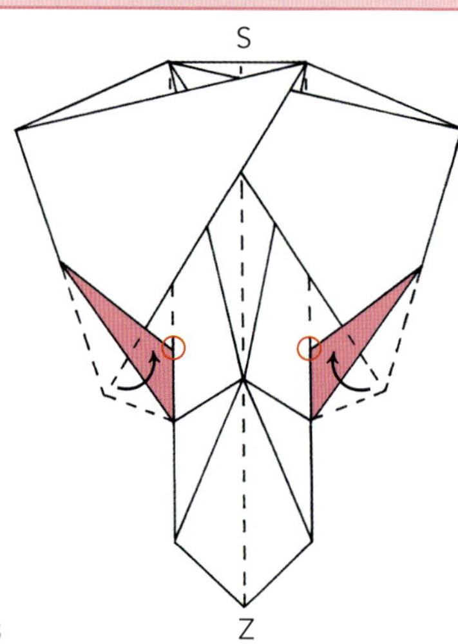

8

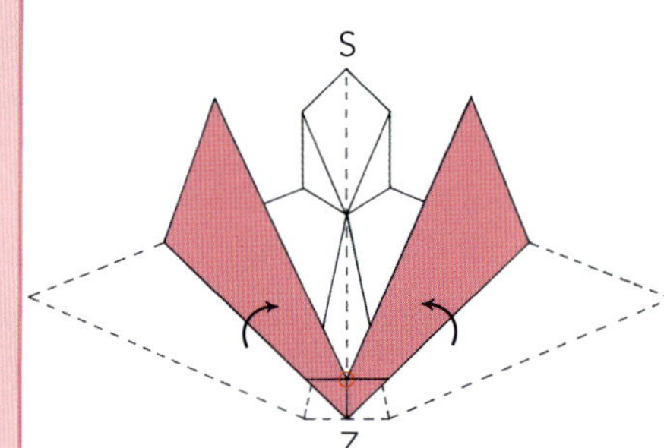

9

Falten der Blumenblätter und des Blattwerkes

Abb. 1 und 2: Arbeiten Sie nach den Zeichnungen. *Falten Sie die rechte Schnittseite genauso!*

Abb. 3: Die (Z)-Mitte wird geöffnet. Der Klebepunkt muss hier sehr sparsam von unten auf der Mittellinie angebracht werden, um beide Eckchen daran festzuhalten.

Abb. 4 – 6: Legen Sie wieder die linke Falte an die vorherige Position. Dann halten Sie mit Ihrem Finger den angebrachten Klebepunkt fest, um den Flügel nach unten leicht zu senken, bis die Falte an der Spitze (S) ganz glatt wird.

An der Mitte drehen Sie die Faltung ein wenig um ihre Achse, sodass sie wieder geradlinig wird.

Danach legen Sie wieder die Ecke auf die Flügelkante. *Der rechte Flügel wird auch so gefaltet.*

Nur für die Blumenblätter

Abb. 7 und 8: Nach den Zeichnungen falten und kleben Sie die Blumenblätter.

Nur für das Blattwerk

Abb. 9: *Drehen Sie Ihren gefalteten grünen Schnitt so um, dass das Zentrum (Z) zur Spitze (S) wird und umgekehrt.* Legen Sie die (Z)-Kanten beider Seitenblätter entlang der Mittellinie und kleben Sie sie an.

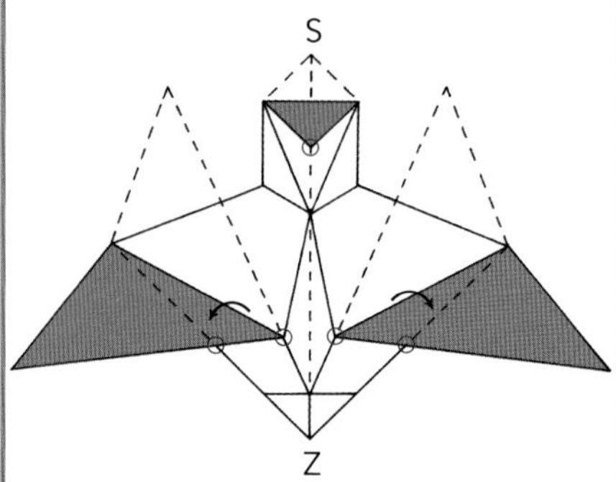

10

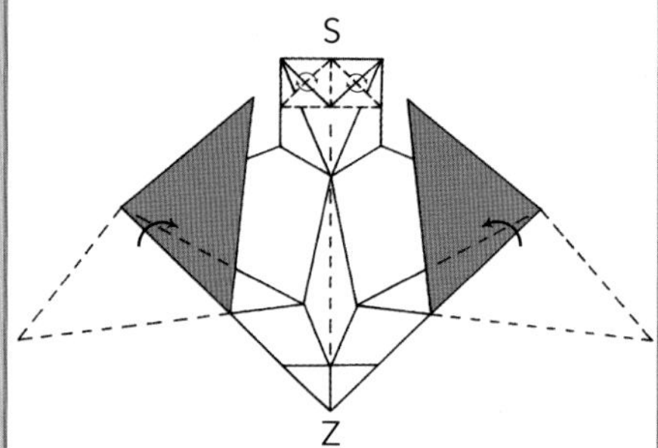

11

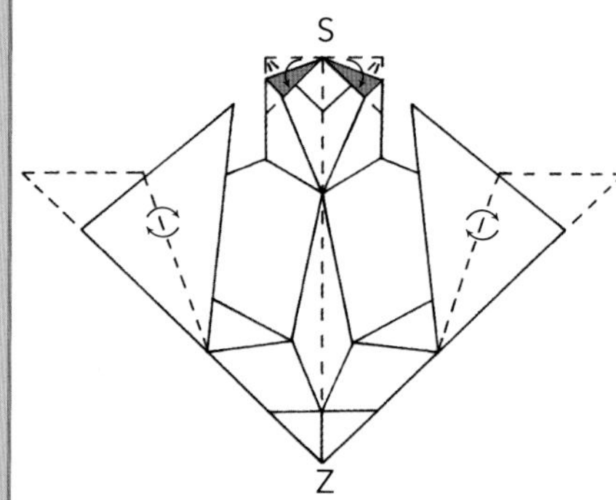

12

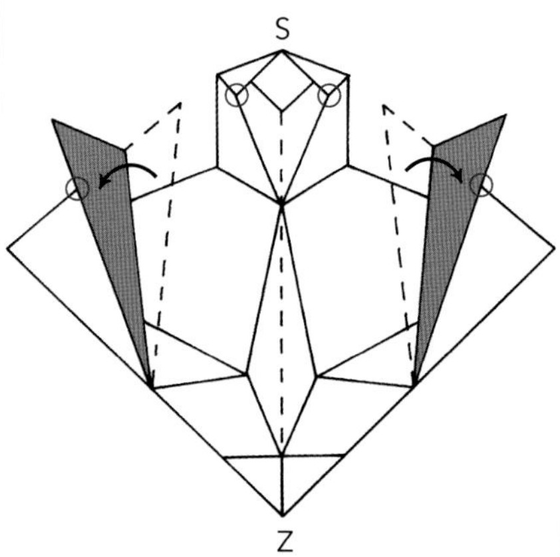

13

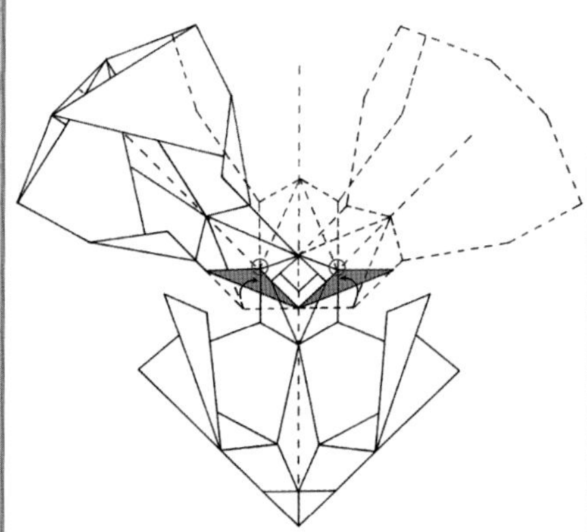

14

Abb. 10: Senken Sie dann das Oberteil dieser Seiten so weit herab, bis die Faltlinien die inneren Kanten des unteren Bereichs erreichen. Dabei müssen die äußeren Kanten ganz flach ausgestreckt werden. Knicken Sie nach der Zeichnung die Spitze (S) auf die Mittellinie zurück und kleben Sie sie fest.

Abb. 11: Vorbereitungsfalte für die Spitze (S). Legen Sie der Zeichnung entsprechend die zwei Seiten nach oben.

Abb. 12: Ist die Spitze (S) fertig gefaltet, kommt für die zwei Seitenblätter noch eine Vorbereitungsfalte hinzu.

Abb. 13: Nun die Innenkanten auf die Hilfslinien setzen und festkleben.

Das Zusammensetzen

Abb. 14: Die drei Blüten werden wie die achtstrahligen Sterne zusammengesetzt (siehe Grundanleitung, S. 24). Dann knicken Sie für den Kelch die zwei Eckchen der äußeren Blüten jeweils auf ihre Mittellinien. Kleben.

Fügen Sie jetzt das grüne Blattwerk dazu. Seine drei (S)-Winkel sind – wie angewachsen – exakt auf die sich treffenden Ansatzspitzen der Blüten anzukleben.

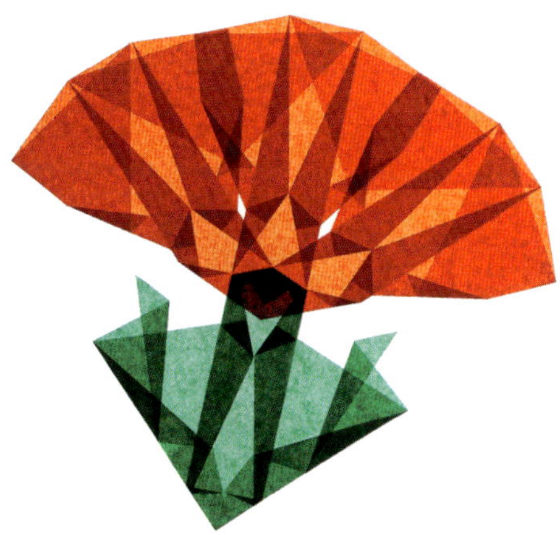

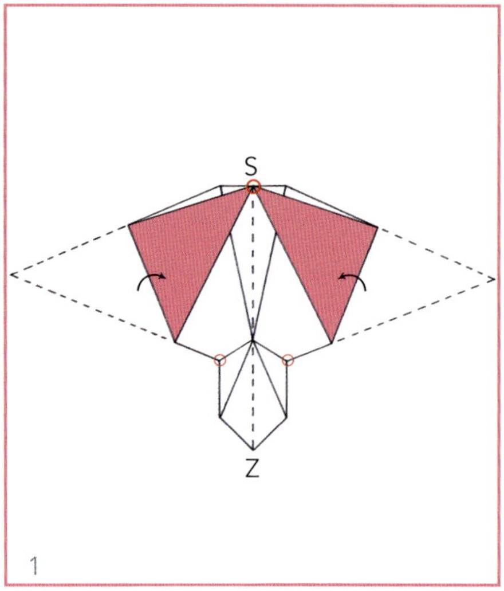

1

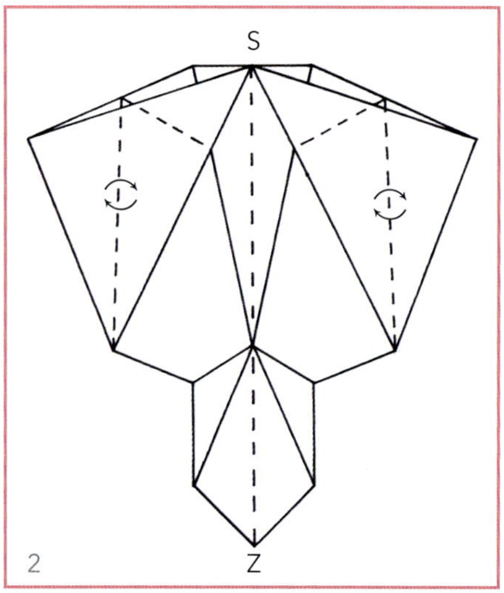

2

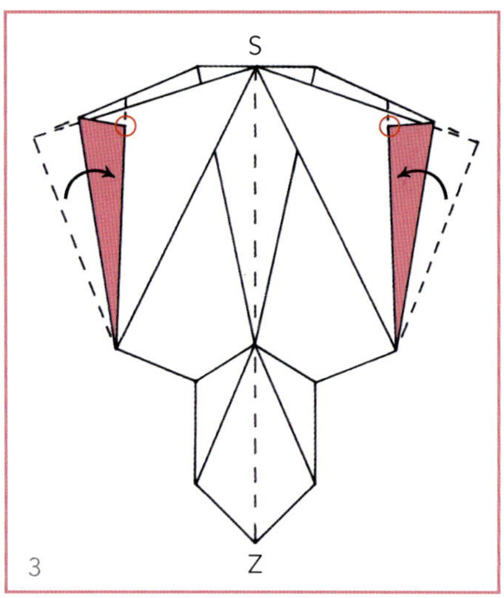

3

Sonnenscheibe ****

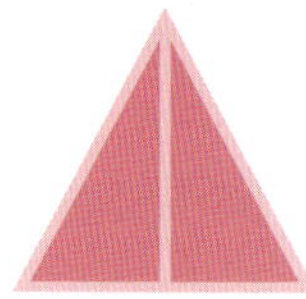

Achtstrahlig
Ø 33,5 cm, Schnitt 3
Ø 24,5 cm, Schnitt 4
Ø 17,5 cm, Schnitt 1

Diese Sonnenscheibe ist in ihrem Umriss leicht achteckig. Die Wechselwirkung zwischen den hellen Sternen und den gebündelten schattierten Strahlen wird auch durch dekorative kleine Ausschnitte um die Innenrosette unterstützt. Gut erkennbar: das verwandelte Tulpenmotiv vom vorigen Transparent!

Hierfür brauchen Sie vier quadratische Schnitte, die Sie anfangs wie für «Tulpenbund» bearbeiten (S. 101ff.). Sie bilden also die Hilfslinien, teilen dann Ihre Schnitte in acht Dreiecke und gehen denselben Faltprozess *bis inklusive Zeichnung Nr. 6* durch.
Sind Ihre acht Schnitte soweit, setzen Sie mit den folgenden Angaben weiter fort:
Abb. 1: Diesmal treffen sich die zwei Seitenflügel auf der Mittellinie. Kleben Sie dann die drei angezeigten Punkte.
Abb. 2: Bilden Sie nun eine Vorbereitungsfalte.
Abb. 3: Setzen Sie die beiden äußeren Kanten auf die eben gebildeten Vorbereitungslinien und kleben Sie sie fest.
Das Zusammensetzen der acht Schnitte erfolgt wie auf S. 24 beschrieben. Achten Sie dabei auf eine möglichst exakte Position der Kanten auf den Mittellinien, damit das Zentrum (Z) Ihres Transparents seine Klarheit beibehält.

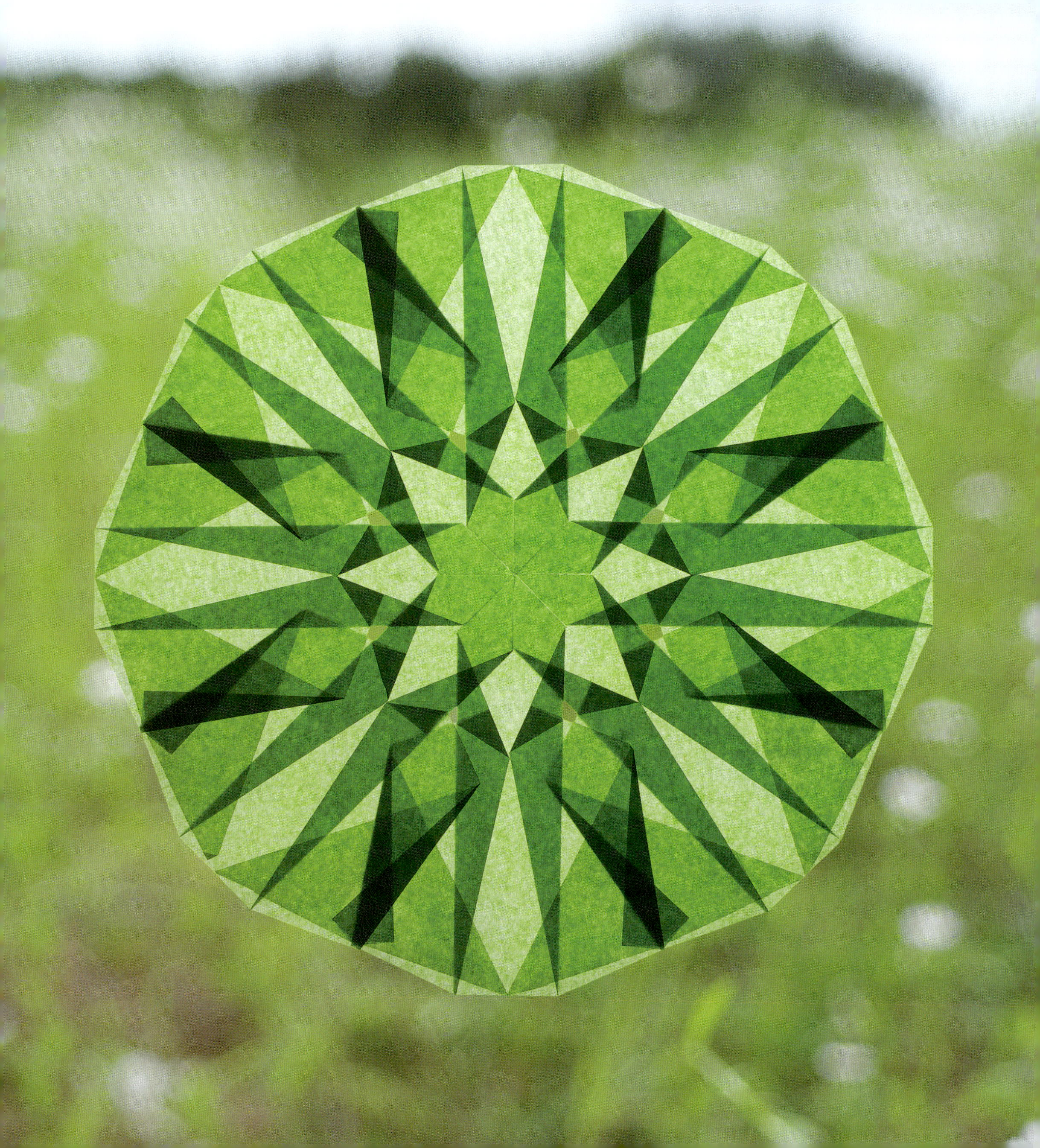

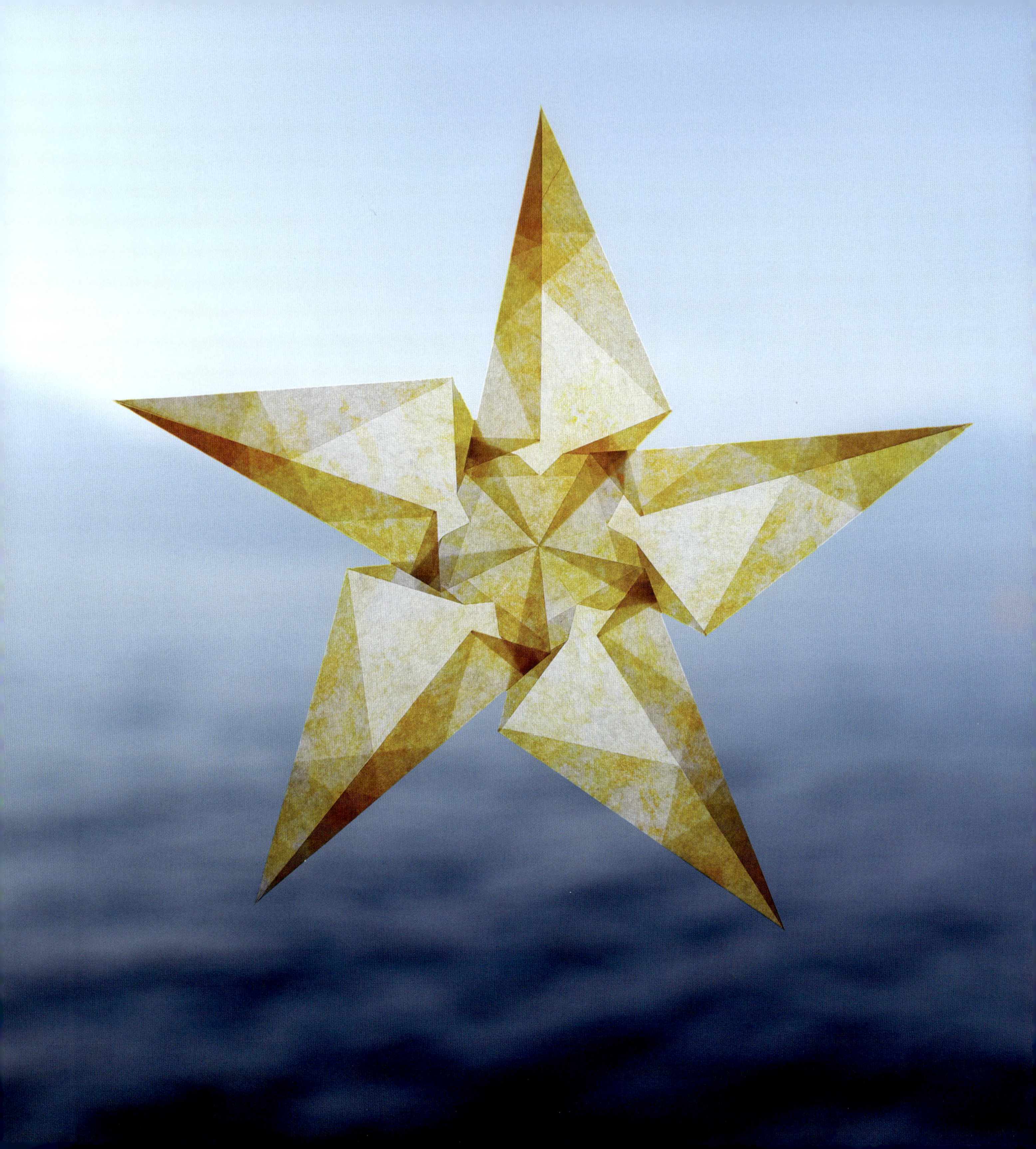

Sternentanz *

Fünfstrahlig
Ø 30 cm, Schnitt 7
Ø 20 cm, Schnitt 6

Es scheint, als ob dieser reizende Fünfstern einen lustigen Tanz am Fenster vorführen will ... Schnell und leicht zu falten, einfach Spitze!

Nehmen Sie fünf rechteckige Schnitte und falten Sie diese in ihrer Länge, um die Mittellinie zu bekommen.
Abb. 1: Falten Sie nach der Zeichnung.
Abb. 2: Vorbereitungsfalte für das Zentrum (Z) und die Spitze (S) nach der Zeichnung bilden.
Abb. 3: Arbeiten Sie nach der Zeichnung weiter und bringen Sie die drei Klebepunkte an.

Mit Zitronen- und Indischgelb wurde hier das weiße Seidenpapierblatt zart marmoriert.

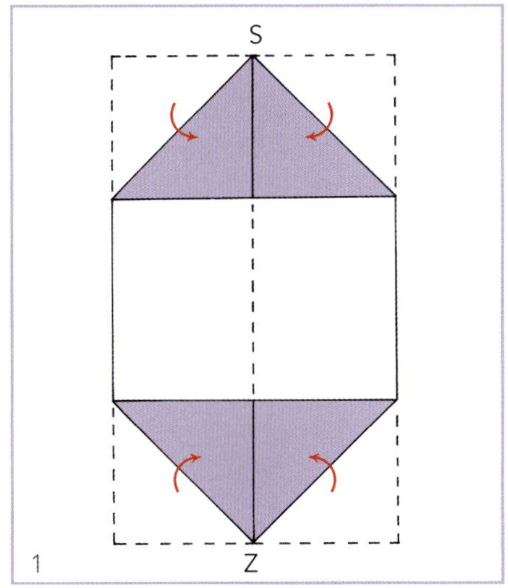

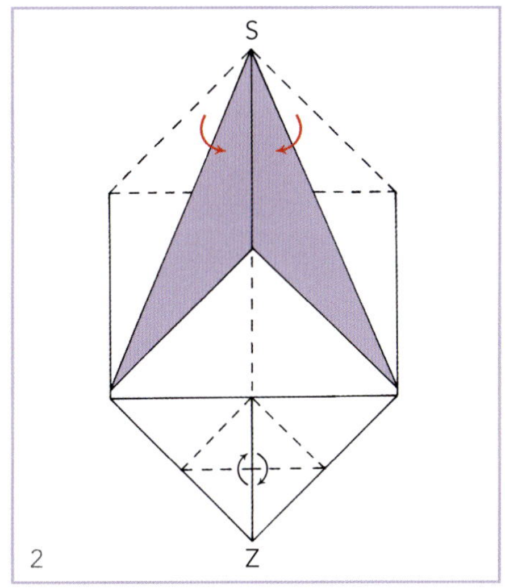

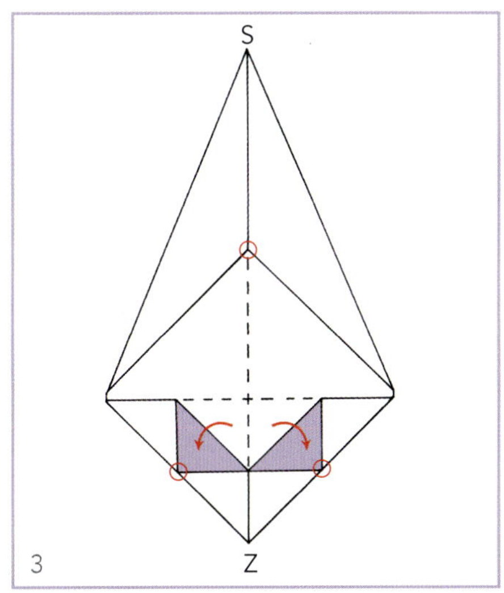

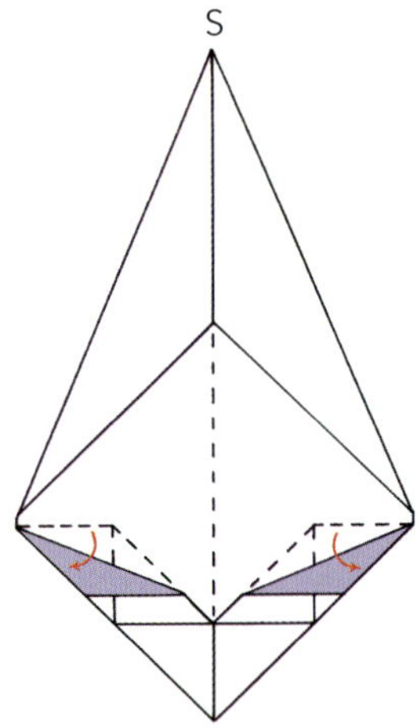

4

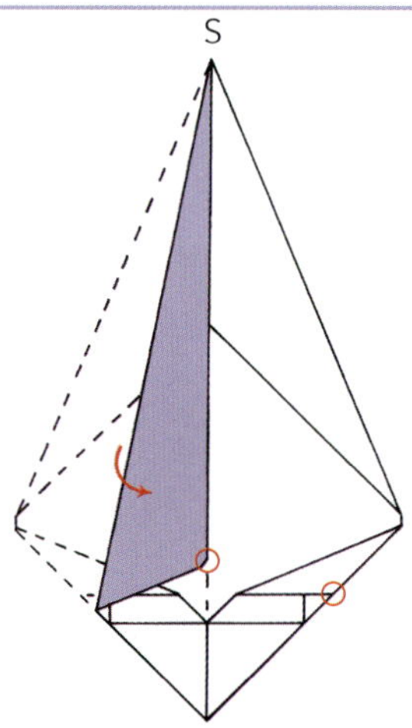

5

Abb. 4 und 5: Nach der Zeichnung entsprechend fortfahren und fertig kleben.

Es folgt das Zusammensetzen auf der fünfstrahligen Unterlage (siehe Grundanleitung, S. 25).

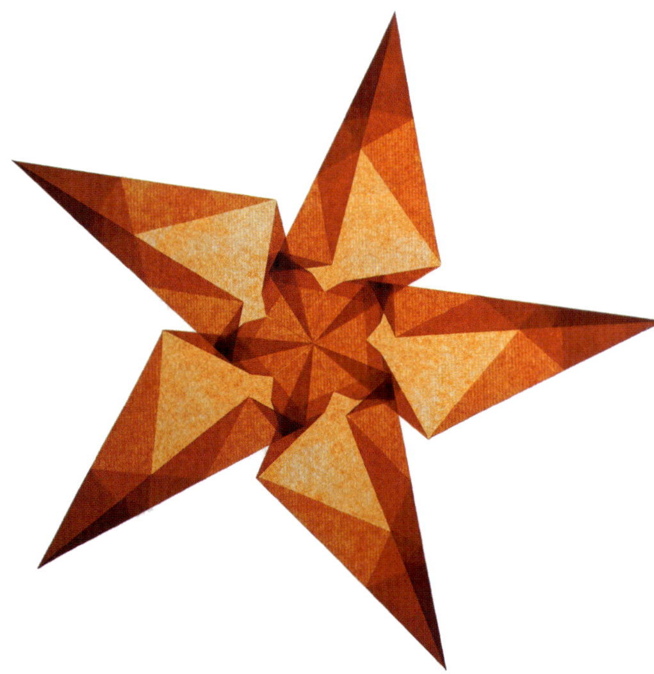

Leuchtende Eleganz **

Achtstrahlig
Ø 30 cm, Schnitt 7
Ø 20 cm, Schnitt 6

Dieser elegante Stern offenbart eine besonders schöne, ausgewogene Verteilung der Licht- und Schattenspiele. Sein fein ziselierter Innenkern scheint wie ein Edelstein zu funkeln.

Nehmen Sie acht rechteckige Schnitte und verfolgen Sie zunächst *die gesamte Anleitung* vom vorigen Transparent «Sternentanz» (S. 109f.). Sind Sie dann bei Zeichnung 5 angelangt, so falten Sie diesmal für die Spitze (S) die andere Schnitthälfte genauso mit, *jedoch ohne die Klebepunkte zu setzen!*

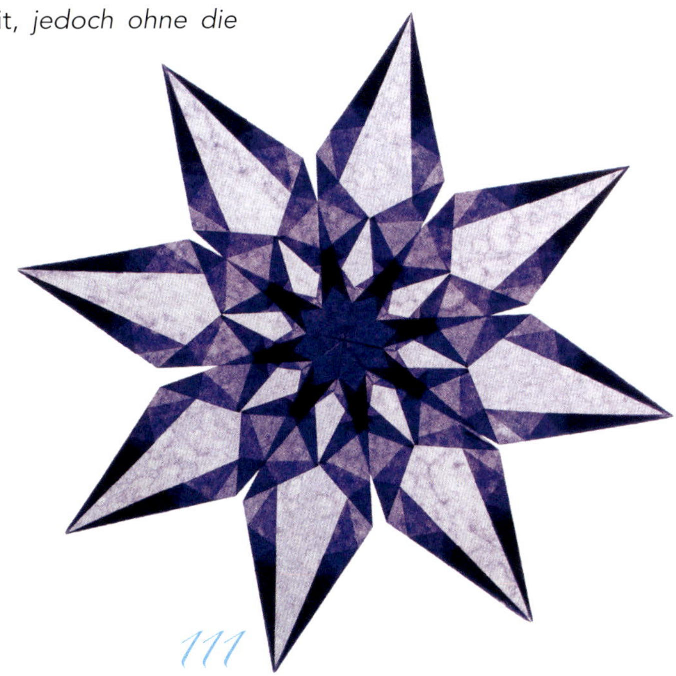

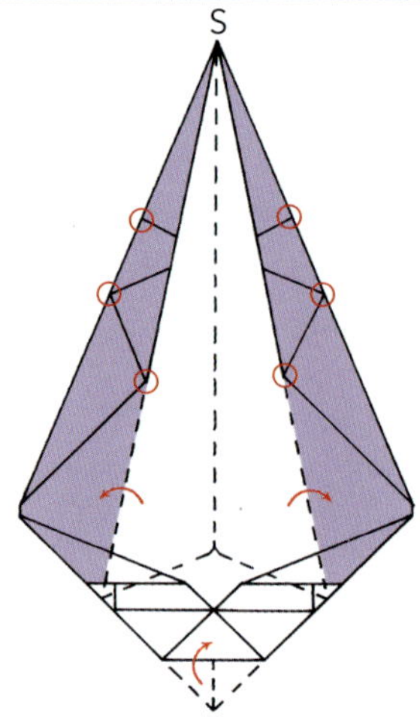

1

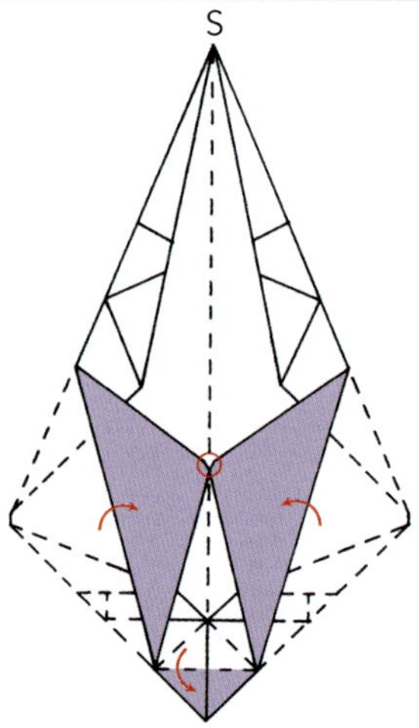

2

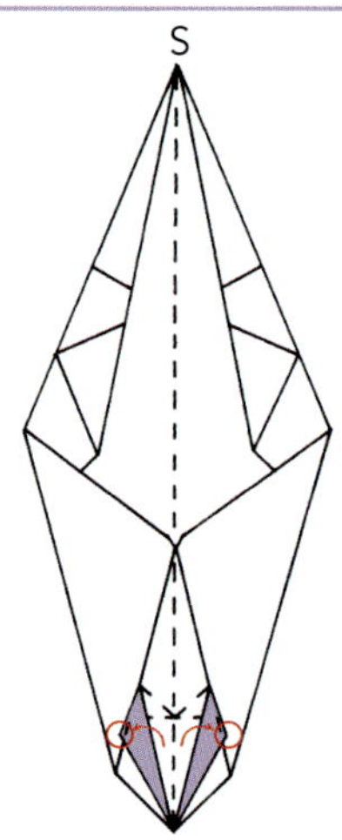

3

Ab hier wird der Faltansatz wie folgt fortgesetzt:
Abb. 1: Öffnen Sie die Spitze (S) und kleben Sie jetzt die Falten auf die Kanten. Das Zentrum (Z) wird vorläufig auf die angezeigte Kreuzung gelegt.
Abb. 2: Die unteren Seitenflügel schließen, bis ihre Kanten die (Z)-Eckenbasis erreichen. Nach dem Klebepunkt können Sie das Zentrum (Z) wieder zurückfalten. Haben Sie die Schnittgröße 6 (Ø 20 cm) gewählt, so sind Ihre Schritte hiermit fertig.

Nur beim größeren Sternformat

(Schnitt 7, Ø 30 cm)
Abb. 3: Sie können die Mitte Ihres Transparents noch mit einer zusätzlichen Falte am Zentrum (Z) verfeinern.
Öffnen Sie das Zentrum (Z) und strecken Sie seine Eckchen (mit einer winzigen Überlappung) etwas über die inneren Kanten und kleben Sie sie fest.

Das gewöhnliche Zusammensetzen für achtstrahlige Sterne finden Sie in der Grundanleitung (S. 24).

Für den eleganten Stern wurde von einem strohgelben Seidenpapierblatt ausgegangen, das mit Zitronen- und Indischgelb mit dem Schwämmchen tupfenweise aquarelliert wurde.

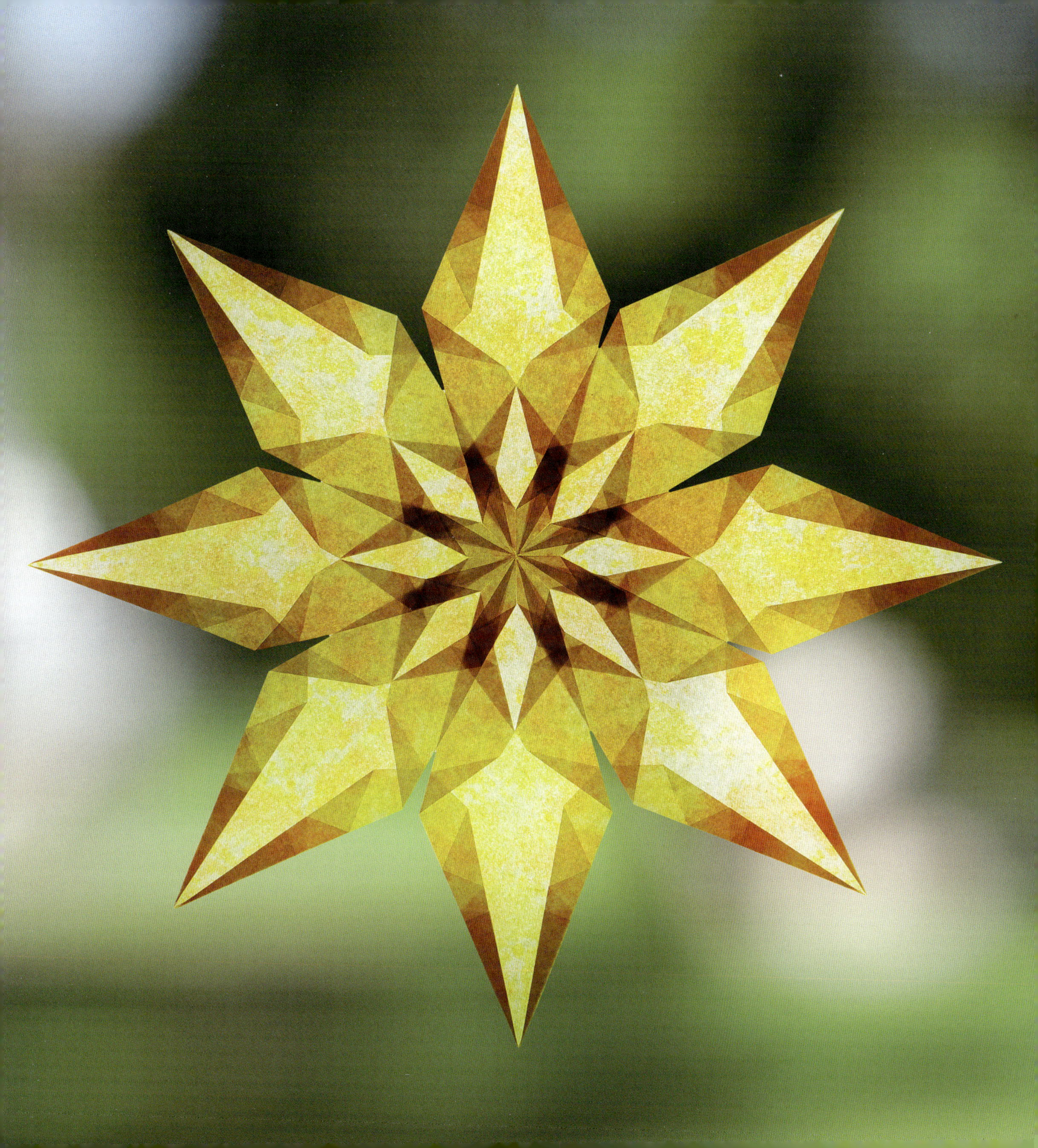

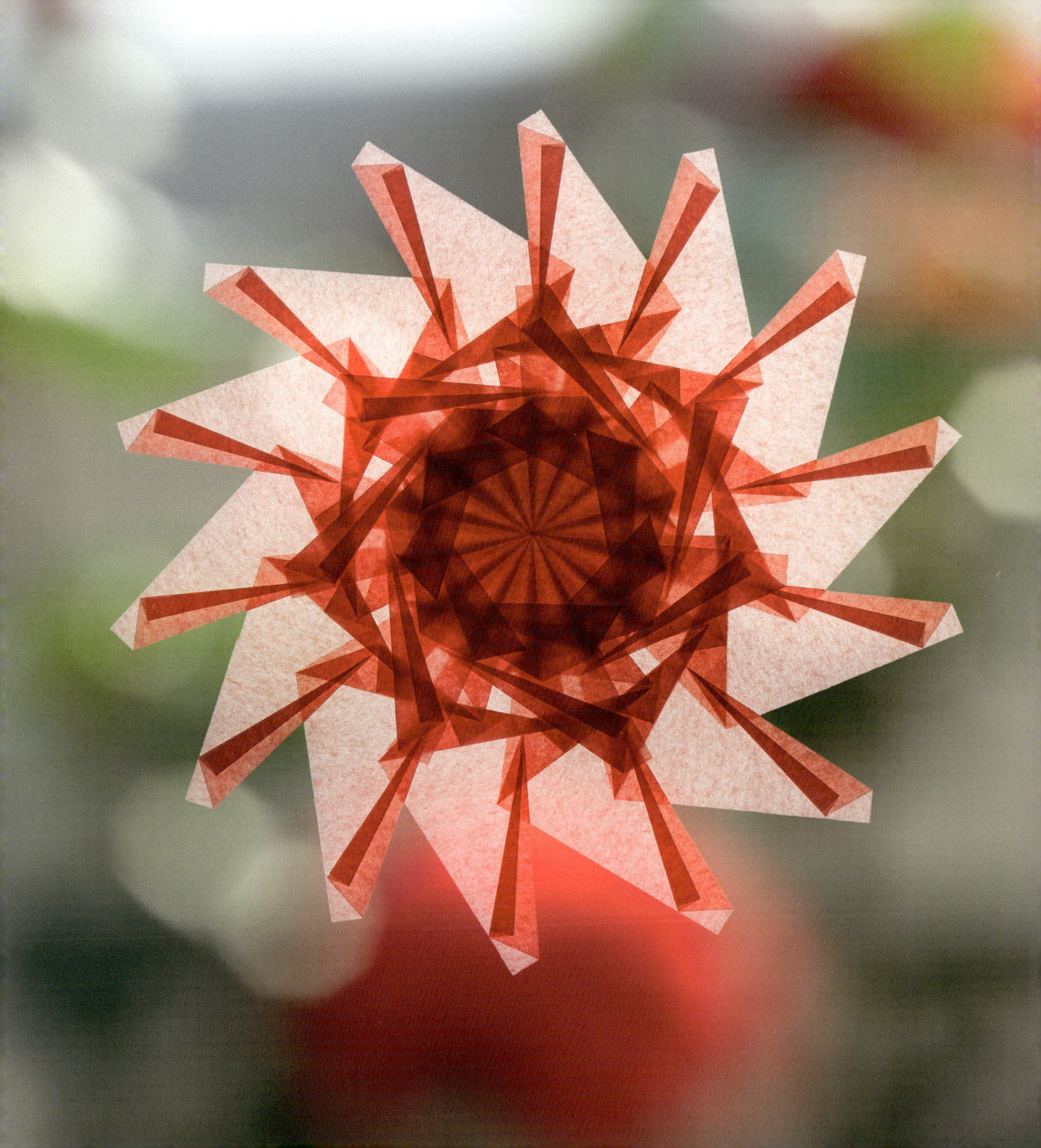

Rosa centifolia*****

Vierzehnstrahlig
Ø 39,5 cm, Schnitt 9
Ø 28 cm, Schnitt 8

Diese ausgefallene Kreation aus Seidenpapier ist sozusagen die Krönung der dreidimensionalen Möglichkeiten. Denn in der Tat zeigt jeder fertige Schnitt freie, bewegliche Falten. So entsteht eine schöne Rose, die ihr üppiges Herz ausschütten möchte. Diese «Rosa centifolia» duftet zwar nicht, aber beim Anblick ihrer weichen Fülle könnte man leicht meinen, den Duft doch schon zu ahnen ...

Nehmen Sie 14 längliche, rechteckige Schnitte und falten Sie diese wie in der oberen Zeichnung zu sehen, um diesmal nur die mittlere Vertikale zu bilden.
Abb. 1: Falten Sie nach der Zeichnung.

Vorbereitungsfalten

Abb. 2: Zuerst wird der linke Flügel schräg nach oben gelegt, sodass sich beide linken Kanten decken.
Abb. 3: Gleich danach wird seine rechte Schrägkante auf die neu entstandene untere Kante zurückgeknickt.
Mit dem rechten Schnittflügel verfahren Sie spiegelbildlich genauso. Anschließend öffnen Sie alle diese Vorbereitungs-

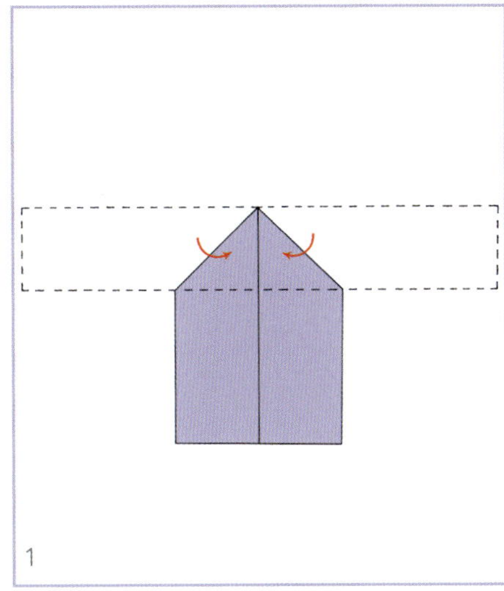
1

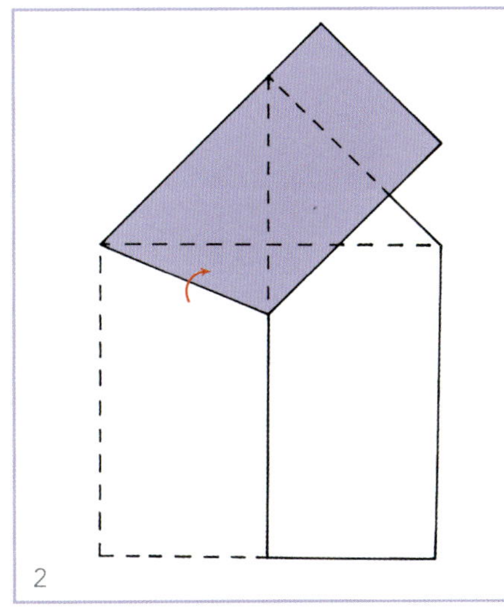
2

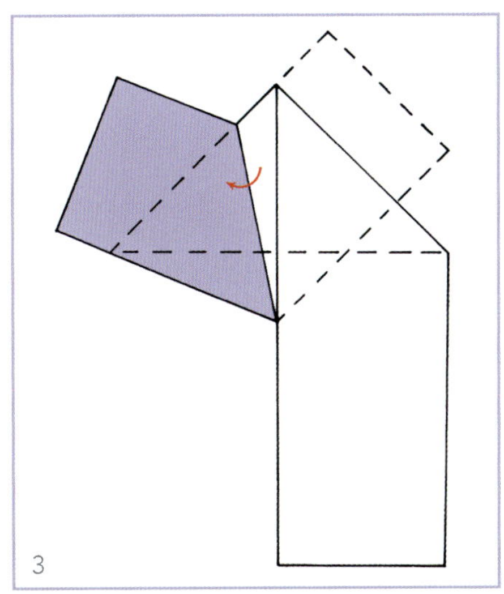
3

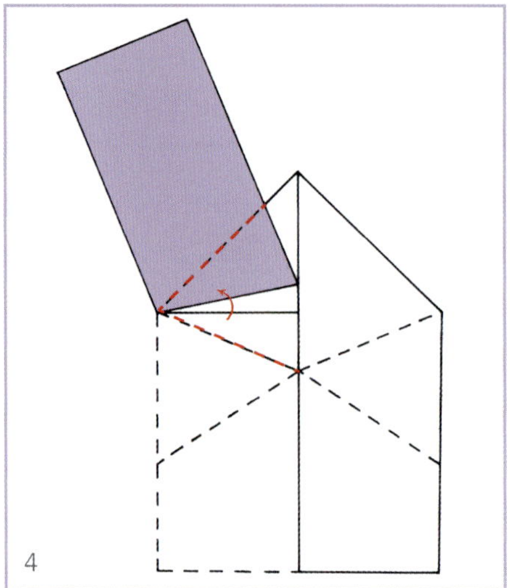

4

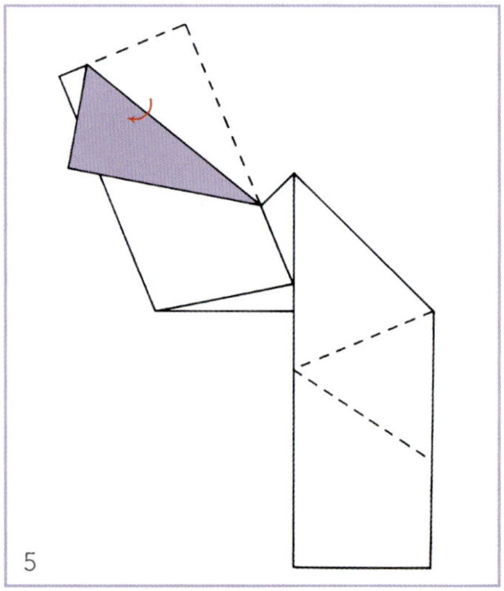

5

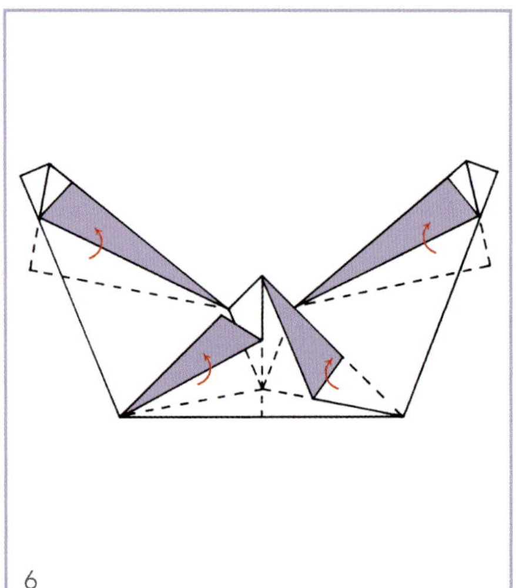

6

falten. Der Schnitt bildet wieder die Form von Schritt 1, aber mit den wichtigen Hilfslinien.
Abb. 4: Die obere schräge Hilfslinie vom linken Flügel wird auf seine Oberkante gelegt.
Abb. 5: Die rechte Kante wird dann auf die andere Hilfslinie gelegt. *Falten Sie wiederum die rechte Schnittseite spiegelbildlich genauso.*
Abb. 6: Fahren Sie nach der Zeichnung fort.
Abb. 7: Arbeiten Sie der Zeichnung entsprechend, wobei die untere rechte Falte nur eine Vorbereitungsfalte für das besondere Zusammensetzen ist. *Der ganze fertige Schnitt bleibt ungeklebt!*

Abb. 8: Das Zusammensetzen der 14 Schnitte
Der linke Basiswinkel wird zum Zentrum (Z).
Die Zeichnung zeigt das Zusammensetzen zweier Schnitte. Den wichtigen Orientierungspunkt finden Sie für Schnitt 9 um 2,5 mm und für Schnitt 8 um 1,5 mm von der letzten Hilfslinie entfernt. An diese Stelle geben Sie ganz wenig Klebstoff, damit Sie bei einer eventuellen Unregelmäßigkeit leicht nachkorrigieren können.
Um das Herz der Rose zu bilden, klappen Sie jede zweite linke Innenspitze auf ihre schon vorhandene Faltlinie nach innen zurück. Dann knicken Sie auch deren kleinen Winkel zurück.

Nun kehren Sie Ihr Transparent vorsichtig um, damit Sie mit langen Klebestrichen die mittleren Strahlen der Rückseite befestigen können.
Am Fenster entfaltet sich die Pracht ihrer «Rosa centifolia» aus Seidenpapier von selbst!

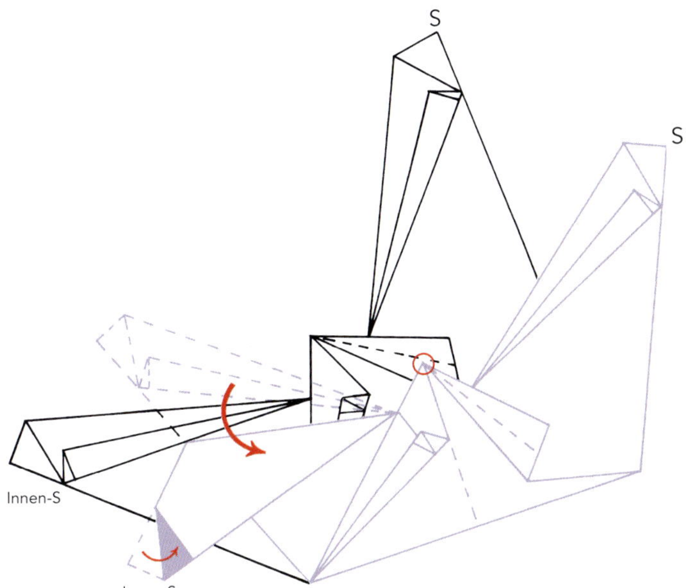

8

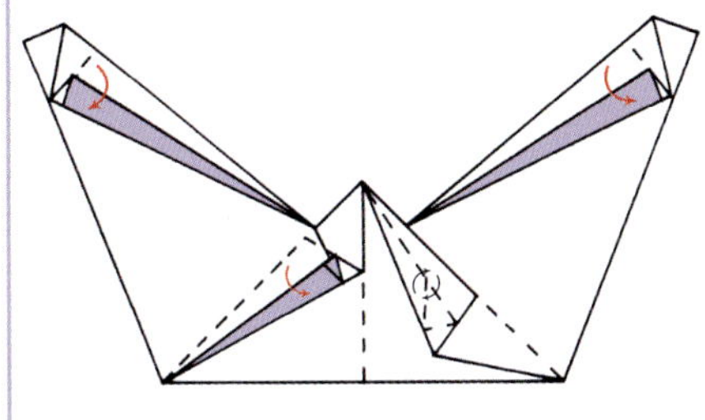

7

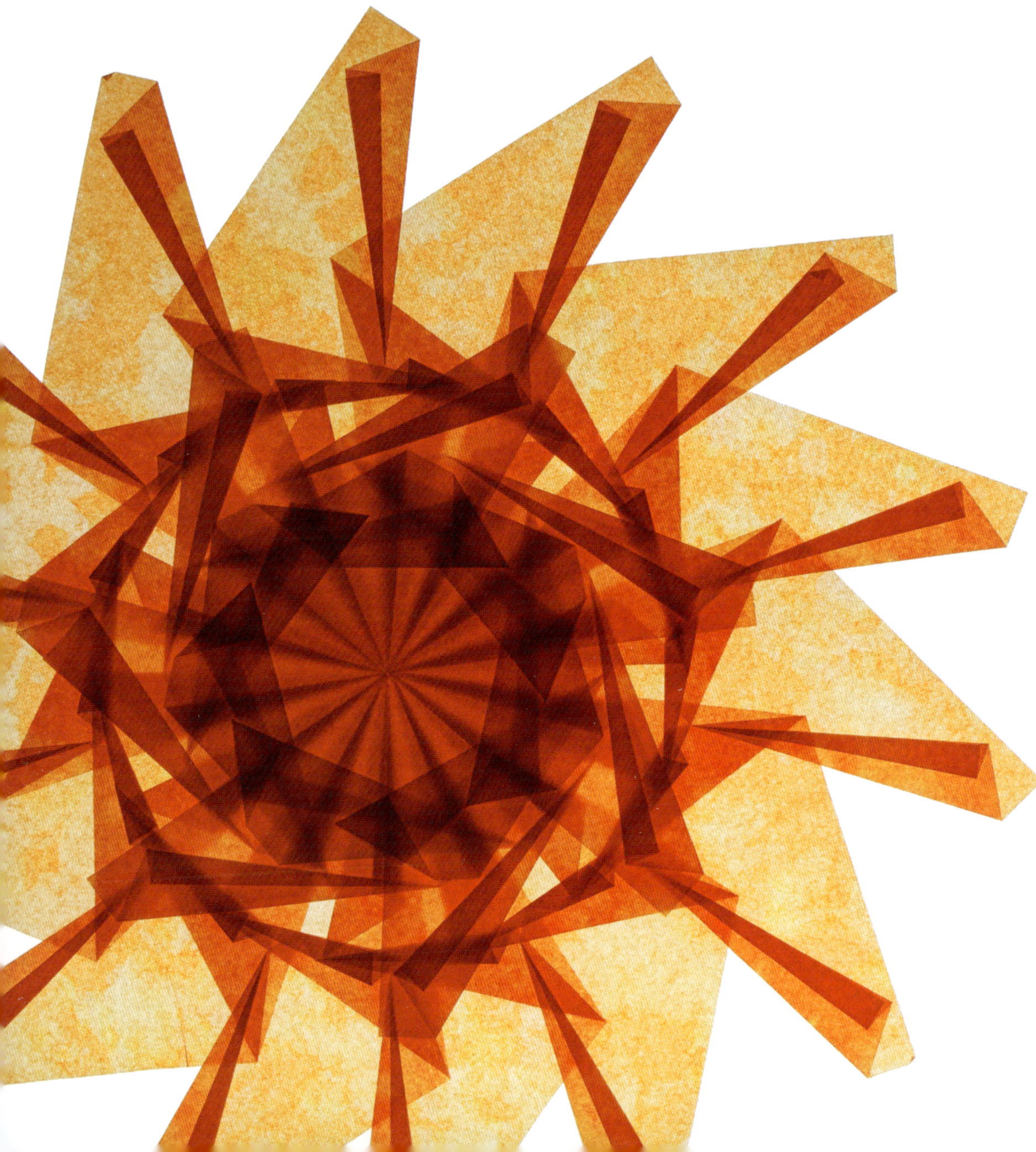

Über die Autorin

Frédérique Guéret geboren 1949 in Aix-les-Bains, war bis 1980 in einer Pariser Werbeagentur tätig. Danach lebte sie in Nürnberg, heute wohnt sie in Stuttgart, wo sie eine Mal- und Zeichenausbildung absolvierte. Aus ihren vielseitigen Interessen heraus entwickelte sie eine eigene, lebendige Methode in der Faltkunst mit Seidenpapier.
Weitere ihrer besonderen Fenstertransparente veröffentlichte sie in den Büchern *Leuchtende Fenstersterne, Funkelnde Fenstersterne* und *Magische Fenstersterne*.

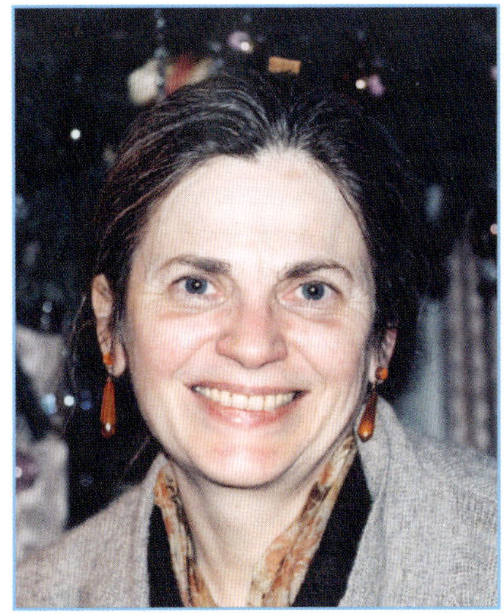

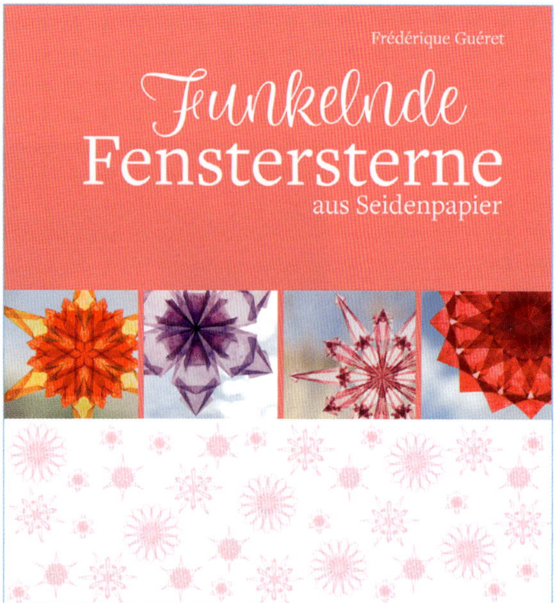

135 Seiten, durchgehend farbig, gebunden
ISBN 978-3-7725-2637-4

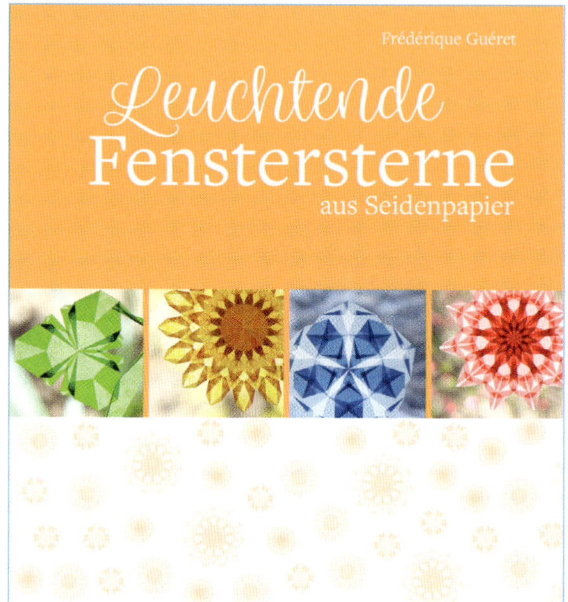

135 Seiten, durchgehend farbig, gebunden
ISBN 978-3-7725-2738-8

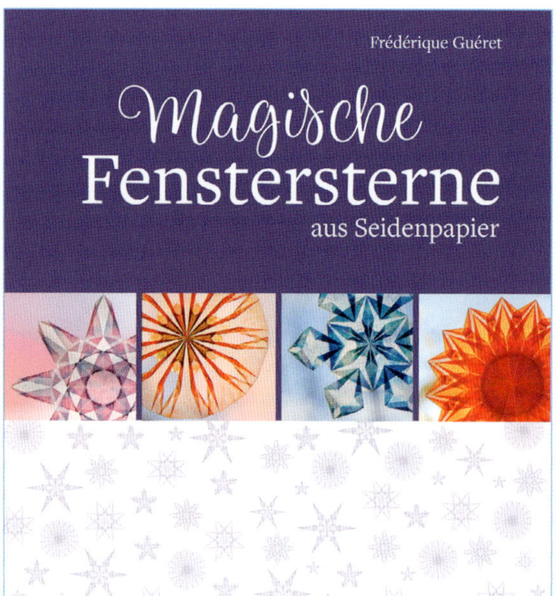

136 Seiten, durchgehend farbig, gebunden
ISBN 978-3-7725-3144-6

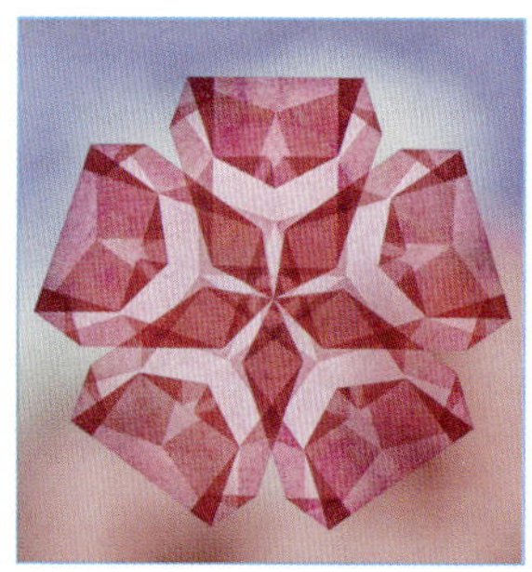
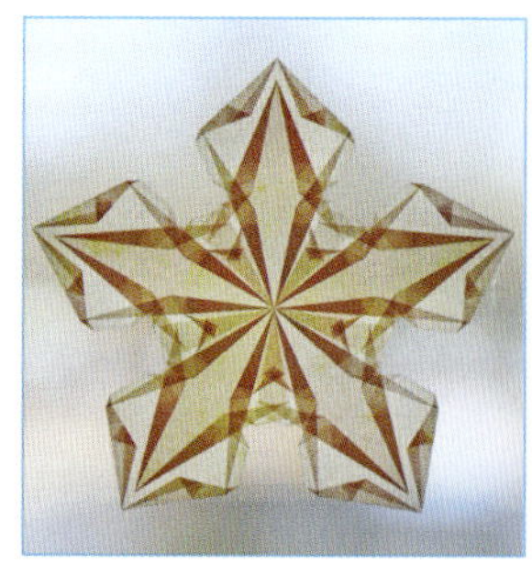
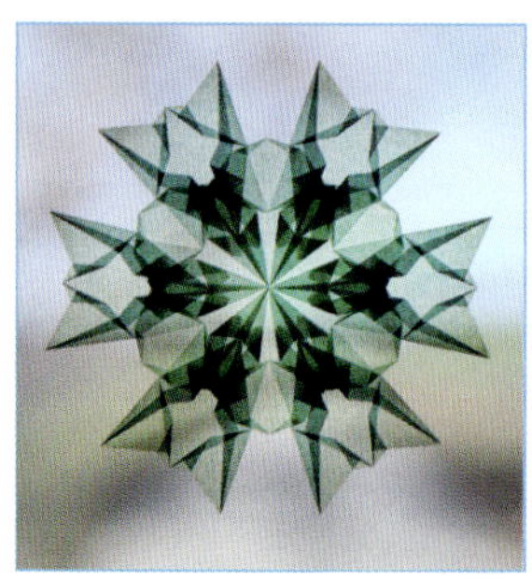
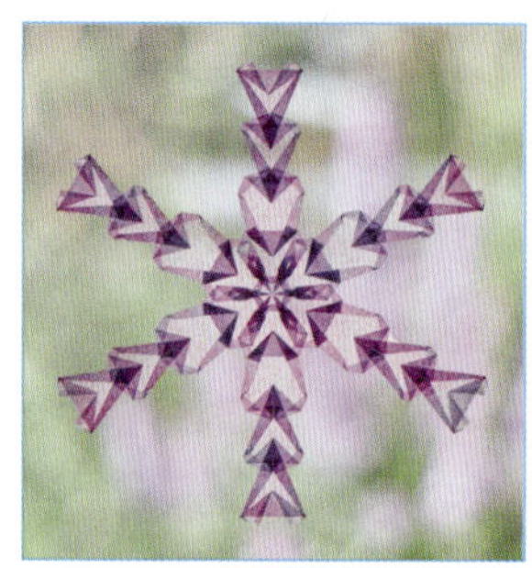

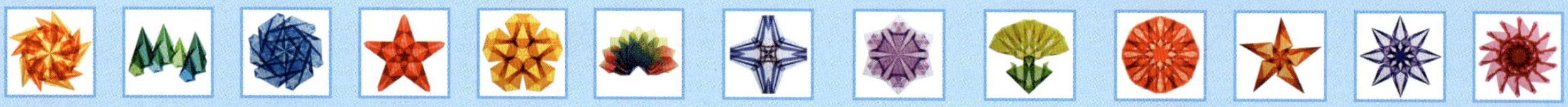